KB267065

인적자원을 측정하라

産業別 人的資源 測定活動을 中心으로

인적자원을 측정하라

産業別 人的資源 測定活動을 中心으로

최운선 著

KSI 한국학술정보[주]

기업이 존립해온 이래로 전통적인 성과측정은 재무적 관점에서 이루어져 왔다. 경쟁이 성공의 척도를 알려주는 재무지표와 규모의 경제에 의해 큰 영향을 받았기 때문이다. 따라서 재무적 성과지표는 진화해 왔고 오늘날은 경제적 부가가치(EVA) 개념으로 대체되는 추세이다. 즉, 기업의 이익이 자본비용을 초과하지 못한다면 그 기업은 진정한 주주가치를 창출하지 못한다는 것이다. 지극히 타당한 이론이지만 21세기로 접어들면서 많은 사람들이 재무적 성과지표에 과도하게 의존하는 것에 우려를 제기하고 있다. 왜냐하면 이 측정지표는 조직의 미래 방향성을 알려주기보다는 경영진에게 맡겨진 자산에 대한 운용보고의 성격이 강하기 때문이다.

브루킹스 인스티튜트(Brookings Institute)의 마가렛 블레어는 유형자산의 가치는 계속적으로 하락하고 있으며 무형자산의 가치가 증대되고 있다고 주장한다. 즉, "회사의 일반 회계방식으로 측정할 수 있는 물리적 자산은 전사적 기업가치의 4분의 1 이하를 차지하고 있을 뿐이다. 다시 말해 전사적 기업가치의 75%는 측정되지 않고 있으며 회계장부상에도 나타나지 않는다"는 것이다. 무형자산의 중요성이 강조되는 추세는 MIT의 슬론 매니지먼트 스쿨과 컨설팅 회사인 아더앤더슨이 최근에 공동으로 '신경제가치연구소'를 설립한 사실에서도 잘 알 수 있다. 이 연구소는 신경제에서 점점 더 중요해지고 있는 무형자산의 계량적 평가를 연구하고 발전시켜 가고 있다. 이와 같이 무형자산이 가치를 창조하는 신경제는 성과측정시스템에 더 많은 것을 요구하고 있다. 오늘날의 성과측정시스템은 기업의 성공을 가능하게 만드는 무형자산을 정의하고, 설명하며, 관리하고, 또한 피드백을 제공할 수 있어야 하기 때문이다.

한편, 무형자산이 인적자산, 구조적 자산, 고객자산으로 구성된다고 볼 때, 작금의 지식경제시대 하에서는, 그 중에서도 인적자산이 경쟁력 제고를 위한 주요 전략적 요소이자 핵심자산임을 강조하고 있다. 즉, 조직의 성장과 발전은 물적자원, 재정자원, 인적자원의 효율적인 활용여부에 따라 좌우되는데, 그중에서도 인적자원은 장기적인 안목에서 조직 경쟁력의 원천이 된다는 것이다. 이에 따라 기업들은 경영의 합리화와 효율성 증대를 위해 인적자원관리의 비용과 효익, 종업원의 업무수행능력, 인적자본의 가치 등에 대한 더 많은 정보가 요구되게 되어, 보다 효과적인 인적자원 측정방법을 모색하기 시작하였다. 그러나 우리나라에서는 아직까지 이러한 제도나 모델에 대한 연구가 초보적인 수준에 머무르고 있다.

　이러한 문제의식 속에서, 본 연구는 산업별로 첫째, 인적자원에 대한 가치인식정도, 둘째, 인적자원측정의 중요성 인식정도, 셋째, 실제 인적자원관리 활동에 있어서 인적자원 측정지표의 관리수준을 조사하고, 그 상관관계 및 영향의 정도를 밝혀내어 이들 세 변수들이 연속선상에 존재함을 증명함으로써 인적자원 측정의 본격적 도입을 위한 시사점을 도출하는데 목적을 두었다. 연구방법은 이론적 접근과 사례연구, 그리고 실증적 접근을 병행하였다. 이론적 틀을 마련하는 과정에서 지식경제시대의 기업들은 인적자원의 측정에 초점을 맞추어야 한다는 것과 측정을 통한 인적자원정보가 인적자원관리 활동에 필수적이라는 사실을 밝히려 하였으며, 이를 통해 인적자원 가치에 대한 인식 - 인적자원측정의 중요성 인식 - 인적자원관리 활동에서의 지표관리가 연속선상에 존재함을 확인하였다. 사례연구에서는 인적자원측정 시스템을 공식적으로 채택하고 있는 선진기업들과 세계적인 인적자원관리 연구기관들이 채택하고 있는 인적자원측정지표들을 조사하였다. 그리고 이들을 종합한 후, 인적자원관리 활동별로 할당함으로써 인적자원관리 활동에 있어서의 인적자원 측정지표들을 구할 수 있었다. 실증연구는 이러한 이론적 틀과 지표들을 활용하여 진행하였으며, 각 기업의 인사담당 부서(팀)장을 대상으로 설문조사를 실시하여, 보다 의미 있는 결과를 얻으려고 노력하였다.

　모쪼록 이 책이 여러분 기업의 인적자원관리에 도움이 되기를 바라며,
출간해주신 한국학술정보에 감사를 드린다.

최 운 선

|목 차|

第1章 序　論

第1節 問題提起와 研究目的

전통적인 산업사회가 지식기반사회(knowledge-based society)로 이행함에 따라 지식이 국제경쟁력의 핵심원천으로 부각되고, 다양한 학문분야에서 중요한 관심사로 대두되고 있다. 기업수준에서의 지식경영에 관한 연구논문과 저서가 최근 급속히 증가하고 있는 사실이 이를 잘 말해주고 있다. 예를 들어, 최근 Harvard 경영대학원이 '지식경영'에 관한 여러 저서[1]와 논문집[2]을 발간하였고, 「California Management Review」가 1998년에 창간 40주년과 UC Berkeley 경영대학 개교 100주년을 기념하여 「지식과 기업」이라는 특집을 발행한 것도 이러한 동향을 잘 반영하고 있는 것이다.[3] 지식경영에 대한 활발한 이론개발과 지식경영시스템 구축을 위한 기업의 투자는 적어도 30년 정도는 계속 되리라는 예측도 나오고 있다.[4]

지식경영에 대한 연구들은 기업 및 국가의 가치가 토지·자본재 등 유형자산보다는 무형의 지적자본(intellectual capital)[5]에 의하여 창출되는

---

1) Leonald, B. D., *Wellsprings of Knowledge*, Harvard Business School Press, 1995; Davenport, T. H. & Prusak, L., *Working Knowledge: How Organizations Manage What They Know*, Harvard Business School Press, 1998.
2) HBSP(Harvard Business School Press), *Harvard Business Review on Knowledge Management*, Harvard Business School, 1998.
3) CMR(*California Management Review*), Special Issue on Knowledge and the Firm, 1998.
4) Wiig, K. M., "Knowledge Management: Where Did It Come From and Where Will It Go?", *Expert System with Applications*, 13(1), 1999, pp.1-14.
5) 1993년에 스칸디아社의 지적자본 담당이사인 L. Edvinsson이 '무형자산'이라

부분이 커지고 있음을 강조하고 있다. 이에 따라 기업·국가 등의 경쟁력 평가에서도 유형자산(tangible asset)보다는 무형자산(intangible asset)이 더욱 중요해지고 있으며, 그 평가를 위한 기준 설정의 필요성이 여러 차원에서 제기되고 있다. 또한, 기업차원에서는 전통적인 회계보고서가 유형자산을 측정하여 보고하는데 초점을 맞추고 있어, 기업 경쟁력의 핵심적인 원천인 무형자산을 측정·보고하지 못함으로 인해, 기업가치 평가나 투자결정을 위한 정보로서 유용성을 상실해 가고 있다는 비판이 제기되어 왔다.[6] 이러한 연구는 미래의 경쟁력을 좌우하고 경제의 가장 급속히 성장하는 한 부분을 차지할 무형자산을 객관적으로 측정하고 보고하기 위한 새로운 방법이 시급히 모색되어야 함을 강력히 시사해 주고 있다.

한편, 지식경영에서는 지적자본 중에서도 인적자본이 경쟁력 제고를 위한 주요 전략적 요소이자 핵심자산임을 강조하고 있다.[7] 즉, 조직의 성장과 발전은 물적자원, 재정자원, 인적자원의 효율적인 활용여부에 따라 좌우되는데, 그중에서도 인적자원은 장기적인 안목에서 조직 경쟁력의 원천이 된다는 것이다. 이에 따라 기업들은 경영의 합리화와 효율성 증대를 위해 인적자원관리의 비용과 효익, 종업원의 업무수행능력, 인적자본의 가치 등에 대한 더 많은 정보가 요구되게 되어, 보다 효과적인 인적자원 측정방법을 모색하기 시작하였다.

는 회계학적 용어 대신에 '지적자본'이라는 용어를 처음으로 사용하였으며, 그 이후 지적자본의 개념은 경영학 이론으로 확산되고 전세계적으로 퍼져나가기 시작했다(자료: 강순희, "지식기반사회와 인적자원가치의 측정", 「제2회 지식연구협의회 학술세미나자료집」, 매일경제신문사, 1999. 4, p.80).

6) Johanson, U. & Nilson, M., "The Usefulness of Costing and Accounting", *Journal of Human Resource Costing and Accounting*, 1(1), 1996; Hanson, B., "Personal Investment and Abnormal Return: Knowledge-based Firms and Human Resource Accounting", *Journal of Human Resource Costing and Accounting*, 1(2), 1997.

7) Pfeffer, J., *Human Equation*, Harvard Business School Press, 1998, pp.3-5.

이같이 중시되는 인적자원의 가치와 비용에 대한 객관적이고 타당한 측정치들을 회계제도에 반영하여 관리자 및 이해관계자들의 의사결정에 도움을 주기 위한 제도가 인적자원회계(HRA: human resource accounting)이다. 또한 이와는 별도로 북유럽의 학자와 실무가들을 중심으로 한 연구자들은 지적자본의 측정모델을 개발하려는 노력을 하고 있다. 그러나 우리나라에서는 아직까지 이러한 제도나 모델에 대한 연구가 초보적인 수준에 머무르고 있다. 더욱이 인적자원관리 활동에의 도입가능성에 대한 검토는 거의 이루어지고 있지 않다.[8] 이는 우리 기업들이 새로운 게임의 법칙이 지배하는 변화된 사회에서 인적자원을 핵심역량으로 관리하지 않음으로써, 경쟁력을 상실하게 되는 결과를 초래할 수 있을 것이다.

이러한 문제의식 속에서, 본 연구는 산업별로 첫째, 인적자원에 대한 가치인식정도, 둘째, 인적자원측정의 중요성 인식정도, 셋째, 실제 인적자원관리 활동에 있어서 인적자원 측정지표의 관리수준을 조사하고, 그 상관관계 및 영향의 정도를 밝혀내어 이들 세 변수들이 연속선상에 존재함을 증명함으로써 인적자원 측정의 본격적 도입을 위한 시사점을 도출하는데 목적이 있다.

---

8) 강순희, 전게논문, p.73.

第2節 研究의 方法과 構成

1. 연구의 방법과 범위

앞서 살펴본 바와 같이 인적자원 정보 및 인적자원 측정의 중요성은 점
차 강조되고 있음에도 불구하고, 우리나라에서는 이에 대한 연구가 미흡
한 실정이다. 이는 주요 선진국에서는 활발하게 논의되고 연구되는 주제
임을 감안할 때, 결코 연구가치가 적어서가 아니라 우리의 관심 부족 내
지는 선진국들의 연구 성과를 뒤따르겠다는 편의적 발상이 작용하는 것이
아닐까 생각된다.

최근 이에 대한 주목할 만한 우리나라에서의 연구는 노동부의 의뢰로
한국노동연구원에서 발간한 보고서로서,[9] 236개 기업을 대상으로 인적자
원 및 기타 지적자본의 관리현황을 조사한 것이다. 그러나 이 연구는 산
업별로 구분된 표본조사를 시행하지 않았으며, 주로 무형자산에 대한 인
지도 및 인적자원회계(HRA)의 중요성 인식정도 등 기업의 인적자원회계
도입환경 및 수요현황을 파악하는데 초점을 두고 있다.

이에 본 연구는 이러한 최근의 개념적 내지는 실태 조사 성격의 연구에
서 한 걸음 더 나아가고자 하였다. 즉, 산업별로 표본조사를 시행하여 인
적자원 가치에 대한 인식정도 · 인적자원 측정의 중요성 인식정도 · 인적자

---

9) 어수봉 외, 「인적자원회계제도의 도입방안에 관한 연구」(서울: 한국노동연구
　　원, 1999).

원 측정을 위한 지표관리 수준에 차이가 있는지를 살펴보고, 이러한 변수들이 상호간에 어느 정도 영향을 미치는지를 검증하고자 하였다.

이를 위해 본 연구는 인적자원의 측정 및 인적자원관리 활동에 대한 이론적 연구와 사례연구, 그리고 실증적 연구를 함께 모색하였다.

먼저, 이론적 연구를 통해 지식경제시대의 기업들은 인적자원 측정에 초점을 맞추어야 한다는 것과 측정을 통한 인적자원정보가 인적자원관리 활동에 필수적이라는 사실을 밝히려 하였다.

사례연구에서는 인적자원측정 시스템을 공식적으로 채택하고 있는 선진 기업들과 세계적인 인적자원관리 연구기관들이 채택하고 있는 인적자원측정지표들을 조사하였다. 그리고 이들을 종합한 후, 인적자원관리 활동별로 할당함으로써 인적자원관리 활동에 있어서의 인적자원 측정지표들을 구할 수 있었다.

실증적 연구를 위한 조사방법은 설문법을 이용하였고, 설문은 Likert의 5점 척도로 구성하여 점수가 높을수록 변수의 값이 높다고 정의하였다. 설문의 대상자는 기업의 인사담당 부서(팀)장을 대상으로 하였다. 이는 이들이 기업의 인적자원관련 정책을 수립하는데 중추적인 역할을 할 뿐 아니라, 해당 기업의 인적자원관리 수준을 타 회사와의 비교적 관점에서 누구보다 잘 알고 있다고 판단하였기 때문이다. 즉, 본 연구는 일반구성원을 대상으로 한 개인수준의 정량적 연구가 아니라, 전체적인 인적자원관리 현상을 설명하기 위한 기업수준의 연구가 될 수 있도록 노력하였다.[10]

실증분석의 연구범위로서 확실히 할 것은 지적자본 전체를 대상으로 한 것이 아니라 철저히 인적자원에 초점을 맞추어 연구를 진행하였다는 점이

---

10) 물론 연구주제에 따라 다르겠지만, 많은 연구자들이 자료수집의 용이함을 이유로 일반구성원을 대상으로 한 개인수준의 정량적 연구에 치중하고 있다는 것이 문제점으로 지적되고 있다(자료: 신유근, "인적자원관리의 이론개발 및 실제적용을 위한 연구방법", 「인사·조직연구」, 제1권 제1호, 한국인사·조직학회, 1992. 12, p.16).

다. 즉, 지적자본이 인적자본(human capital), 구조적 자본(structure capital), 고객자본(customer capital)으로 구성된다고 할 때,[11] 본 연구에서는 인적자본에 초점을 맞추어 설문과 가설을 설정하고 결과를 분석하였다. 이는 연구목적상 인적자원 가치에 대한 인식 –인적자원 측정의 중요성 인식– 인적자원 측정을 위한 지표관리 수준 간의 상관관계를 파악해야 했기 때문이며, 더 나아가서는 오직 인적자원만이 다른 모든 요소들에게 영향을 미치는 적극적인 주체로 인정될 수 있기 때문이다.[12]

2. 이 책의 구성

이 책은 다음과 같이 여섯 개의 장으로 구성되어 있다.

제1장에서는 본 연구의 의의와 목적, 그리고 이러한 목적을 달성하기 위한 연구의 방법과 범위 등에 대해서 논하였다.

제2장에서는 인적자원의 측정에 관한 이론 및 사례를 고찰하였다. 먼저, 기존 재무보고의 유용성이 감소되어 무형자산이 포함된 새로운 기업가치 평가방식이 요구되는 지식경제시대에서, 특히 인적자원의 역할과 가치에 관한 이론을 중점적으로 살펴보고 자산으로서의 가능성을 타진하였다. 인적자원 측정에 대해서는 인적자원회계(HRA) 이론 및 북유럽 학자들을 중심으로 발전하고 있는 인적자원 측정모델을 중심으로 이에 대한 개념정리와 함께 선행연구들을 검토하고, 이들의 실제 적용사례들을 살펴보았다.

제3장에서는 인적자원 측정의 인적자원관리 활동에의 적용에 대해 논하였다. 먼저 양자 간의 결합에 대한 당위성을 살펴본 후, 주요 인적자원관

---

11) Edvinsson, L. & Malone, M. S., *Intellectual Capital*, Haper Business, 1997, 황진우 역, 「지적자본」(서울: 세종서적, 1998), pp.47-53.
12) 상게서, p.141.

리 활동에서 지속적으로 관리하도록 권장되고 또 선진기업에서 실제로 사용되고 있는 측정지표들을 살펴보았다. 또한 인적자원관리와 기업성과 간의 관련성에 대한 연구결과들을 살펴보았는데, 이는 인적자원 측정지표들의 지속적인 관리를 통한 효과적인 인적자원관리 활동이 결국 기업성과로 이어진다는 증거들이 밝혀질 때, 비로소 이러한 인적자원관리 활동의 필요성이 의미를 지니게 될 것이기 때문이다.

제4장은 연구의 설계로서, 실증적 연구를 위한 모형의 설계와 연구가설을 설정하였다. 그리고 측정도구로 사용할 변수들을 조작적으로 정의하였으며, 연구조사 표본과 분석방법을 설명하였다.

제5장에서는 실증적 조사결과를 통계 처리하여 분석하고 해석하였다. 또한 각각의 연구가설들을 연구목적에 따라 구분하여 검증하였다.

제6장은 결론으로서, 연구결과를 요약하고 시사점을 도출하였으며, 연구의 한계점과 향후의 연구방향을 제시하였다.

第2章 理論的 考察

第1節 知識經濟時代의 無形資産

산업사회에서와는 달리 지식경제시대의 기업가치는 유형자산보다는 무형의 지적자산에 의하여 창출되는 부분이 커지고 있다. 무형자산에 대한 투자규모가 상대적으로 큰, 소위 지식집약적인 기업의 시장가치와 장부가치의 비율은 10배가 넘고 있다.[13] 그러나 전통적인 회계보고서에서는 이러한 무형자산에 대한 투자를 자산으로 인식하지 않고 있어, 적절한 정보가 기업의 가치평가나 투자결정에 활용되지 못하고 있다. 따라서 본 절에서는 전통적인 재무보고의 유용성 감소와 새로운 재무보고 유형에 대한 연구들을 통하여, 무형자산의 측정이 강조되는 현상을 설명하고, 이 책의 연구과제에 대한 시대적 의미를 부여하고자 한다.

1. 재무보고 유용성의 감소

약 500년의 역사를 가지고 있는 전통적인 재무보고서인 대차대조표가 기업가치 창출의 핵심요소인 무형의 지적자산을 반영하지 못한다는 점 때문에 심각한 도전을 받고 있다. 실증연구에 의하면 대차대조표에 반영되지 않고 있는 무형자산의 가치가 역사적 원가주의에 의해 평가된 유형자

---

13) Stewart, T., "Your Company's Most Valuable Asset: Intellectual Capital", *Fortune*, 130(7), 1994, pp.28-33.

산의 몇 배에 이르고 있다. 이로 인하여 지난 40년 동안 증권시장에서 기업이익과 주가수익률의 통계적 상관관계가 점차 감소되어 가고 있다는 사실[14]이 밝혀지고 있다. 이러한 연구결과는 미국과 스웨덴을 비롯한 유럽 국가들의 연구에서도 일관성 있게 나타나고 있어 전통적인 재무보고서가 유용성을 상실하고 있다는 주장을 뒷받침하고 있다. 이에 대한 Leb(1996)의 연구결과를 요약하면 다음과 같다.

1) 기업이익과 주가수익률 간의 결정계수(R2)의 감소

미국 증권시장에서 기업이익과 주가수익률 간의 결정계수(R2)는 1954~1960년 기간 동안 22.3%에서 1981~1991년 기간 동안 7.2%로 낮아지는 등 1953~1992년의 40년 동안 지속적으로 감소되고 있다. 이러한 결과는 전통적인 회계절차에 의해 산출된 기업이익이 주가수익으로 연결되지 못한다는 사실을 반증하는 것이다.

2) 이익반응계수(ERC)의 감소

20년 동안(1968~1987) 이익반응계수(ERC)는[15] 지속적으로 감소하고 있다. 예컨대 1960년대 이익 1달러는 2.5달러의 주가변화를 가져온 반면에 1980년대에는 0.70달러의 주가변화 영향을 가져왔다. 이는 투자자들에게 이익정보가 다른 정보에 비해서 상대적으로 중요하지 않다는 것을 의미하는 것이다.

---

14) Leb, B, "The Boundaries of Financial Reporting and How to Extend Them", *Working Paper*, University of California Berkeley, 1996.
15) ERC는 주가에 대한 이익 1단위의 영향을 의미한다. 예를 들면 ERC가 5라는 것은 이익 1달러가 주가 5달러의 변화를 초래한다는 것이다.

3) 주가-장부가치 비율(PB ratio)의 증가

20년 동안(1973~1992) 공개기업의 시장가치와 장부가치 비율(PB ratio)의 중간값이 0.811에서 1.692로 증가하였다. 이는 대차대조표에 나타난 기업의 장부가치와 투자자들이 평가한 시장가치 사이에 차이가 커지고 있다는 것을 의미한다. 예컨대 1992년도의 차이를 보면 시장가치의 약 40%가 대차대조표에 나타나지 않고 있으며, 특히 하이테크 기업들은 PB ratio가 2.009로서 대차대조표에 나타나지 않는 부분의 비율이 50%를 넘고 있다.

Lev의 이 같은 접근방법을 이용하여 국내에서도 1981년에서 1996년 사이의 15년을 분석대상기간으로 연구가 실시된 바 있다.[16) 이 연구는 151개 기업을 산업의 특성(하이테크 대 로우테크), 무형자산 투자비중, 그리고 인적자원에 대한 투자비중을 변수로 사용하여 두 그룹으로 분류한 뒤, 각 그룹별 R2, ERC, PB ratio를 비교하였다. 분석결과는 외국의 경우와 같이 명확하지는 않으나, 회계정보의 유용성이 전반적으로 감소하고 있음을 나타내고 있다. 특히 인적자원의 투자비중이 높은 기업들의 경우 회계이익정보의 유용성 저하, 시장가치 대 장부가치의 비율 증대 등의 추세가 분명하게 나타나고 있어 무형자산, 특히 인적자원에 대한 투자정보를 측정하여 공시하는 것이 투자자들에게 중요하다는 것을 시사해 주고 있다.

2. 새로운 재무보고의 방향

위에서 살펴본 문제를 해결하기 위해서는 지식경제시대에 부응하는 새로운 재무보고 모형이 개발되어야 할 것이다. 전통적인 재무보고의 패러

---

16) 어수봉 외, 전게서, pp.183-202.

다임을 바꾸는 것은 일종의 재무보고 혁명이다. 따라서 점진적으로 논의의 확산이 이루어져야 할 것이며, 여기에 맞는 구체적인 재무보고 기준을 설정해가야 할 것이다.

장지인은 여러 회계전문기구들의 연구를 바탕으로 하여 지식경제시대의 새로운 재무보고의 방향을 제시하고 있다.[17] 그가 주장하는 새로운 재무보고 방향은 〈그림 2-1〉과 같은데, 핵심은 첫째, 재무보고의 영역을 과거지향적인 것에서 미래지향적인 것으로 바꾸어야 한다는 것이다. 여기서 '미래지향적'이라는 것은 경영자의 예측재무제표가 아니고, 정보이용자가 스스로 기업의 재무적 미래를 예측하는데 도움이 되는 정보라는 뜻이다. 둘째, 미래지향적인 정보는 대부분 재무적 측정이 불가능하기 때문에 측정의 방법을 재무적 측정에서 비재무적 측정으로 확대시킬 필요가 있다는 것이다.

〈그림 2-1〉 새로운 재무보고의 방향

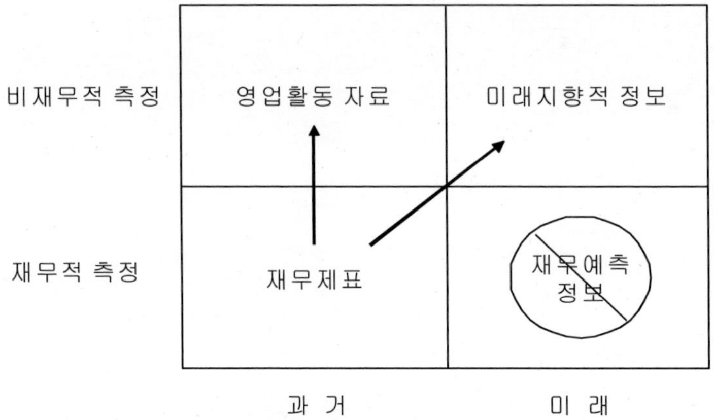

자료: 장지인, "지식기반경제시대의 새로운 재무보고 모형", 「상장협」, 제39호, 한국상장회사협의회, 1999, p.138.

---

[17] 장지인, "지식기반경제시대의 새로운 재무보고 모형", 「상장협」, 제39호, 한국상장회사협의회, 1999, pp.121-143.

여기서 '비재무적'이란 화폐단위로 측정이 가능하지 않다는 의미로서, 단순히 '비계량적'이라는 의미가 아님은 물론이다. 즉, 화폐단위로 측정되어 재무제표에 반영되지 못한다고 할지라도, 인적자원을 포함하는 지식자산들은 측정되어야만 한다는 것이다. 이들 정보는 주석사항 또는 보충적 설명사항의 형태로 보고 되거나, 관리회계의 영역에서 활용되어 질 수 있을 것이다.[18] 이는 인적자원관리 활동에 있어서, 인적자원 측정에 관련된 여러 비재무적 지표들에 대하여 지속적인 관심과 측정을 강조하는 본 연구의 주장과도 맥을 같이하는 것이다.

---

[18] 일반적으로 '관리회계'라고 하면 물적관리회계만이 거론되었으나, 앞으로는 인적관리회계도 반드시 중시해야 한다는 지적이 있다(자료: 김종업, 「관리회계」, 서울: 갑진출판사, 1993, p.91).

第2節 人的資源의 重要性

시대적으로 그토록 무형자산이 중요하게 여겨지고 있다면 무형자산의 구성요소 중 인적자원은 과연 어떤 의미를 갖는 것일까? '인적자원'이란 무엇이며, 기업의 자산으로 인식되어 측정의 대상이 될 수 있는 것일까? 본 절에서는 이에 대한 해답을 제시하면서 자연스럽게 논의의 초점을 '인적자원'으로 옮겨가고자 한다.

1. 무형자산과 인적자원의 관계

용어사전에 의하면 '무형자산'이란 "물리적 성격을 가지지 않는 것으로서, 소유자에게 미래의 어떤 경제적 편익을 표상(表象)하는 자산"으로 정의되고 있으며,[19] 회계이론에서는 "물리적 실체를 가지지 않고 기업주에게 어떤 권리나 특권을 허용하는 것으로서, 업체와는 분리되어 존재할 수 없는 자산"으로 정의하고 있다. 이러한 무형자산은 운전자본이나 고정자산과 함께 기업 활동을 영위하는 중요한 요소로서, 기업 수익성의 가장 큰 기여자가 되기도 한다. 또한, 무형자산은 기업의 성장·발전 시에는 가장 늦게 나타나지만, 쇠퇴·종말 시에는 가장 빨리 소멸되는 성질을 지니

---

19) Thomas P. F., *Dictionary of Banking Terms*, 2nd ed., Barrons: New York, 1993, p.314.

고 있다.[20]

한편, 무형자산을 구성하고 있는 내용에 대해서는 아직까지 일치된 견해를 보여주지 못하고 있다. 그러나 그럼에도 불구하고 무형자산 중에서도 특히 연구자 및 실무자들의 가장 큰 관심의 대상이 되었던 것이 인적자산으로, 1960년 이래 많은 조사연구들이 조직에서의 인적자원의 가치와 비용에 대한 정보를 관리자 및 이해관계자들에게 제공할 수 있는 객관적이면서도 타당한 측정치들을 제시해 보려고 노력해 왔다. 이에 따라 '인적자원회계(HRA)'라고 불리는 새로운 학문분야가 개척되었던 것이다.

또한, 지식경영의 중요성이 부각되면서 지적인 구성요소, 즉 지적자본이 기업가치의 큰 비중을 차지하게 됨에 따라 이것을 측정하고 관리하는 연구가 북유럽의 학자들과 기업들을 중심으로 활발히 진행되고 있다. 예를 들어 지적자본의 측정 및 관리에 있어서 선구적인 역할을 하는 스웨덴의 금융그룹 Skandia사에서 개발하여 적용하고 있는 시장가치체계를 보면, 기업의 가치를 재무적 자본과 지적자본으로 나누고 있으며, 지적자본은 다시 인적자본과 구조적 자본으로 나누고 있다.[21]

Skandia사의 요한 회장은 "기업 내의 자산은 유형자산 25%와 무형자산 75%로 이루어지는데, 이 75%의 무형자산은 구조적 자산(25%)과 인적자산(50%)으로 이루어진 지적자본"이라고 하면서, 경쟁기업보다 앞서려면 보다 빨리 이들에 대한 정보를 획득해 신속히 기업 내로 확산하는 것이 중요하다고 지적한 바 있다. 이것은 지적자산을 이루는 인적자원의 중요성을 특히 강조하는 것이다.

결국 현대사회는 유형자산보다는 무형자산의 가치가 커지고 있으며, 또한 무형자산의 대부분을 차지하는 인적자원에 대한 관심이 높아지고 있는

---

20) Gordon V. S. & Russell L. P., *Intellectual Property: Licensing and Joint Venture Profit Strategies*, John Wiley & Sons: New York, 1994, pp.83-84.
21) Edvinsson, L. & Malone, M. S., 황진우 역, 전게서., p.67.

것을 알 수 있다. 또한, 재무적 자본과 구조적 자본이 결국 사람에 의해서 운용되고 관리되어진다는 점에서 볼 때, 기업의 가장 중요한 요소는 인적자원이라고 할 수 있다.

2. 인적자원의 개념과 특성

1) 인적자원의 개념

인적자원(human resources)은 노동력을 하나의 생산요소로 다루는 것에서 벗어나 1944년에 필라델피아에서 개최된 국제노동기구(International Labor Organization: ILO) 제26차 총회에서 채택한 「국제노동기구의 목표와 목적에 관한 선언」에서 "노동은 상품이 아니다"라고 주창되어 경영의 주체로 인식되기 시작하였다. '인적자원(human resources)'이라는 용어는 미국의 루즈벨트 대통령이 '인적자원의 보존(conservation of human resources)'이라는 말을 쓰면서부터 사용되기 시작하였으며, 국가 차원에서나 조직 차원에서 인간에 대한 중요성을 새로 인식하게 하는 계기가 되었다.[22]

기업은 환경으로부터 다양한 자원을 투입물로 받아들여 이를 변환시켜 가치를 창출하고 그것을 고객에게 전달하는 시스템이다. 따라서 먼저 조직자원의 범주를 알아야 할 것인데, Gilley & Eggland는 자원을 물적 자원, 재정적 자원 및 인적자원의 세 가지로 나누었고(〈표 2-1〉 참조),[23] 나일주도 물리적 자원, 재정적 자원, 인적자원이라는 세 가지 유형의 자원

---

22) 나윤기, 「인적자원관리」(서울: 학문사, 1999), p.15.
23) Gilley, J. W., & Eggland, S. A., *Principles of Human Resource Development*, Addison-Wesley Publishing Company, Inc., 1989, p.3.

으로 구분하였다.[24] 박내회는 조직자원을 인적자원, 물적자원, 재무자원, 정보자원의 네 가지로 구분하면서, 인적자원은 다른 세 가지 자원의 능률적이고 효과적인 활용을 결정해주는 자원이라는 점에서 가장 중요한 자원이라고 한다.[25]

<표 2-1> 조직자원의 범주

구 분	내 용
물적자원 (physicalresources)	생산된 것은 물론 천연자원을 포함하는 것으로서 이는 재무제표상 고정자산으로 나타나는 항목으로 조직에 안정과 강점을 제공하기 때문에 조직의 건강에 매우 중요한 것이며, 유형적이고 가시적인 것으로 조직의 성공여부를 측정하는 수단으로 쓰이게 된다.
재정적 자원 (financial resources)	조직의 유동자산으로 물적자원과 마찬가지로 성장과 확대를 위한 기회에 대응하는 조직의 능력에 매우 중요한 요소로서 전반적인 재정적 안정과 강점을 반영한다.
인적자원 (human resources)	조직에 고용된 사람을 말하는 것으로서, 이는 자원으로 분류되어 있으나 고정자산이나 유동자산처럼 어떤 기준이나 전통적 측정수단을 사용하기 힘들기 때문에 그 가치를 측정하는 것은 매우 어렵다.

자료: Gilley, J. W., & Eggland, S. A., Principles of Human Resource Development, Addison-Wesley Publishing Company, Inc., 1989, p.3.

2) 인적자원의 특성

이와 같이 구분되는 여러 자원 가운데서 인적자원은 다른 자원에 비해 다음과 같은 능동성과 개발성 그리고 전략적 성격을 가지기 때문에 그 중요성이 특히 강조되고 있다.[26]

---

24) 나일주, 「산업교육의 이론과 실제」(서울: 한국능률협회, 1994), p.23.
25) 박내회, 「인사관리」(서울: 박영사, 1997), p.4.

첫째, 기타 자원은 그 성과에 있어서 자원 자체의 양과 질의 지배를 받기 때문에 비교적 수동적 성격을 지니고 있으나, 인적자원은 능동적이고 반응적 성격을 지니고 있다.

둘째, 기타 자원은 그 주어진 양과 질의 한계로 인하여 활용할수록 소진되는 성격을 가지고 있으나, 인적자원은 자연적으로 성장하고 성숙할 뿐만 아니라 오랜 기간 동안에 걸쳐 개발될 수 있는 잠재력을 지니고 있기 때문에 활용할수록 가치가 증대되는 성격을 지니고 있다.

셋째, 조직의 성과는 위의 모든 자원들을 효과적이고 능률적으로 활용하는데 달려있는데, 이러한 자원들을 효과적이고 능률적으로 활용하는 것은 결국 사람, 즉 인적자원이기 때문에 다른 어느 자원보다도 전략적 중요성이 강조되고 있다.

3. 인적자원정보의 중요성

인적자원에 대한 지출의 상당부분은 역량개발과 경쟁력 함양을 위한 투자로 미래의 수익창출에 기여하는 바가 컸지만 전통적 회계에서는 단순히 비용으로 취급되었다. 또한 종래의 회계정보는 계량 가능성과 객관성을 기초개념으로 하여 화폐가치로 측정·검증할 수 있는 객관적 증거가 있어야 했기 때문에 물적·재무적인 자원에 대해서만 회계처리의 대상으로 하고 인적자원은 제외되었으며, 인적자원이 기록되고 측정, 설명되는 경우가 극히 한정되었다.

많은 학자들은 이러한 인적자원관리의 주관적이고 정성적인 관행 및 의사결정들에 대해 비판적인 견해들을 피력하고 있는데, 그 요지는 다음과

---

26) 이학종, 「인적자원관리」, 제3판,(서울: 세경사, 1995), pp.28-30.

같다.[27)]

첫째, 인사관리자들은 행위관련 비용들을 어떻게 측정하는지를 모르고 있다. 즉 계량화에 대한 지식과 인식이 부족하다.

둘째, 최고경영자는 인사관리 활동들은 계량적 가치를 부여할 수 없다는 인식을 하고 있고 인사담당 부서들이 그들 노력의 결과들을 계량적으로 측정하지 않는다는 것을 수용하고 있다.

셋째, 일부 인사관리 담당자들은 측정의 대상이 되길 꺼려한다.

넷째, 많은 인사관리 담당자들은 계량화된 척도들을 적용하고자 하나 절차와 지식이 결여되어 있어서 할 수가 없었다.

그러나 한 조직의 인적자원을 측정·보고하는 것은 그 조직의 많은 이해관계자에게 여러 가지 유용한 정보를 제공하여 합리적인 의사결정을 하게 할 수 있으며, 능률적인 인적자원관리에 도움을 줄 수 있다. 또한 종업원들에게 그들의 가치와 그것의 변화에 대한 정보를 제공해 줌으로써 자기의 능력을 확인하고 증진시키기 위한 유인을 제공해 주기도 한다.[28)]

Brummet는 기업의 여러 자원과 요구되는 정보와의 관계를 다음의 〈그림 2-2〉에서 보는 바와 같이 나타내고 있다.[29)] 여기서 그는 내부적 자원의 하나인 인적자원 정보를 중요한 기업정보 영역 중 하나로 분명히 간주하고, 이것을 측정·보고함으로써 많은 이해관계자들에게 여러 가지 유용한 정보를 제공할 수 있음을 강조하고 있다.

---

27) 장영철, "인적자원회계와 효과적 인적자원관리", 「인사관리」, 한국인사관리협회, 1999. 6, p.47.
28) 상게논문, p.49.
29) 이정도, 「인적자원 회계정보」(서울: EM문고, 1991), p.16.

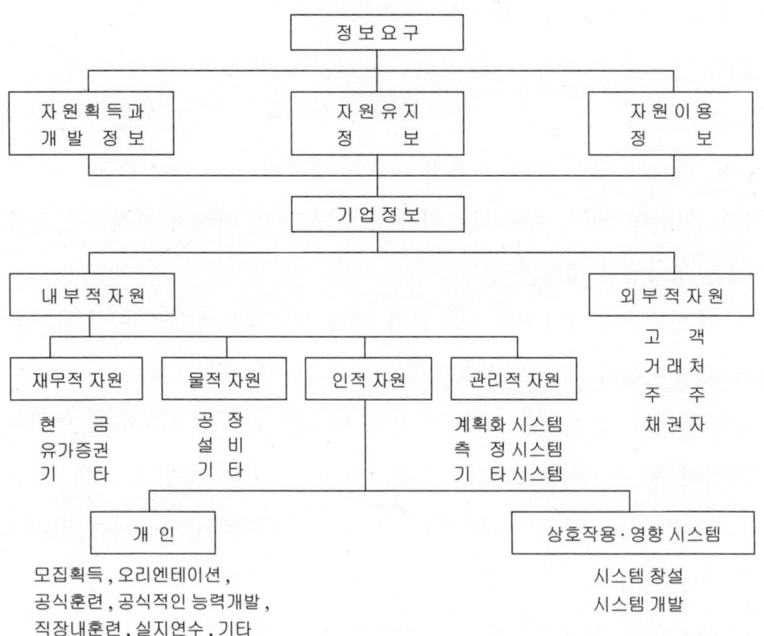

<그림 2-2> 기업자원과 요구되는 정보

자료: 이정도, 「인적자원 회계정보」, 서울: EM문고, 1991, p.16.

4. 자산으로서의 인적자원

인적자원이 자산으로 인식될 수 있을까? 인적자원의 자산화 가능성을 살펴보는 이유는 자산으로 취급되어야 인적자원에 대한 지출을 상각해서 비용화 할 수 있기 때문이다. 이는 인적자원회계(HRA)를 연구하는 학자들 중에 인적자원의 가치를 철저하게 대차대조표에 반영하려는 편에서 보면 매우 중요한 문제가 될 수 있다. 인적자원 측정의 궁극적인 목적이 인적자원 가치가 반영된 회계제도의 완성이라고 볼 때 이에 대한 논의는 의

34

미가 있을 것이다.

자산이 되기 위한 구성요건은 다음과 같다.[30]

첫째, 자산은 미래의 효익 또는 용역잠재력에 대한 어떤 특정 권리가 존재해야 한다.

둘째, 권리는 개인 또는 기업에 대해서 발생한 것이어야 한다.

셋째, 자산이 되기 위해서는 권리 또는 용역에 대해서 법적으로 강제할 수 있는 청구권이 있어야 한다.

즉, 인적자원이 자산으로 인식되기 위해서는 기본적으로 인적자원에 대한 투자가 미래의 서비스 잠재력을 갖고, 금전적 가치로 측정이 가능하며, 조직의 통제가 가능해야 한다. 이러한 엄격한 기준을 적용하면 인적자원은 자산이 될 수 없다. 그러나 전문가들의 견해들을 종합해 보면, 자산으로의 가치가 있는 것은 인적자원이 조직에 제공하리라 예상되는 서비스이지 인적자원 자체가 아니라는 점이다. 따라서 쟁점은 인적자원이 자산이냐 아니냐 하는 것이 아니라 인적자원에 대한 투자가 자산의 기준에 부합하는지 여부로 보아야 한다는 것이다.[31]

이러한 개념을 토대로 하여 인적자원의 획득비와 개발비의 자산화 가능성을 살펴보도록 하겠다.

첫째, 인적자원의 모집, 채용 등을 위한 지출, 즉 획득비는 유형고정자산에 비유하면 그 구입·제조 등의 방법에 의한 취득액에 해당한다. 물론 기업으로서는 필수불가결의 자원이며 이의 용역을 유효하게 이용함으로써 이익을 획득하는 점에서는 같다. 따라서 물적자원의 획득을 위한 지출을 자산화한다면 인적자원의 획득을 위한 지출도 자산화해야 일관성 있는 회계처리를 할 수 있을 것이다. 따라서 인적자원의 획득비는 용역잠재력이

30) Flamholtz, E. G., *Human Resource Accounting: Advance in Concepts, Methods, and Application*, 2nd ed., Jossey-Bass Publishers, 1986.

31) Appelbaum, S. H. & Hood, J., "Accounting for the Firm's Human Resources", *Managerial Auditing Journal*, 8(2), 1993, pp.17-24.

있으며 이를 화폐액으로 표시할 수 있으면 자산화 하여 상각 등의 절차를 거쳐 비용화 하는 것이 합리적이라 할 수 있다.

둘째, 인적자원의 개발비는 새로 획득한 인재나 기존 종업원의 교육훈련 등으로 인적자원의 능력, 기술을 향상시키고 그의 용역가능성을 증가시키기 위한 지출항목이다. 즉, 유형고정자산인 기계 설비에 비유해 보면 새롭게 구입한 기계 설비를 이용할 수 있는 상태로 준비하는 부대비용과 유사하다. 또한 개량, 확장으로 이용능력이나 질 및 내용연수를 연장시키는 것과도 유사하다. 따라서 인적자원의 개발비는 인적자원의 용역가능성을 증강하는 역할을 하므로 인적자원개발을 위한 지출도 그 효과가 장래에 미치는 것으로 보이는 부분에 대해서는 자산화 하여 상각 등의 절차를 거쳐 비용화 하는 것이 합리적이라 할 수 있다.[32]

---

32) 김익규, "인적자원 원가배분정보의 유용성에 관한 실증적 연구", 경기대학교 대학원 박사학위논문, 1995, pp.17-22.

第3節 人的資源 測定의 理論 및 事例

인적자원이 기업에서 가장 중요한 자산으로 인식된다면, 당연히 그것에 대한 관리는 철저히 이루어져야 할 것이다. Kaplan & Norton은 "만약 당신이 어떤 것을 측정할 수 없다면, 그것을 관리할 수도 없을 것"이라고 하면서 측정(measurement)의 중요성을 강조하고 있다.[33] 그러나 정작 우리 기업들은 인적자원의 효과적인 관리를 위한 측정의 틀(frame)과 도구(tool)를 가지고 있지 못하다. 따라서 본 절에서는 인적자원의 측정에 대한 기존의 연구들과 함께 선진기업들에서 적용되고 있는 사례들을 살펴봄으로써, 인적자원 측정에 대한 인식을 제고하고 구체적인 지식을 갖고자 한다.

1. 인적자원 측정의 개요

1) 인적자원 측정의 개념

'인적자원의 측정'이란 인적자원의 가치와 그 증감변동에 대한 현상적인 여러 자료를 이용하여 필요한 인적자원 정보를 산출하는 행위를 의미한다.[34] 즉, 인적자원의 현 상태 및 증감변동을 정확히 인식하고, 이것을 일

---

33) Kaplan, R. S. & Norton, D. P., *Balanced Scorecard*, Harvard Business School Press, 1996, p.21.

정한 척도를 이용하여 계량화함으로써, 인적자원 정보를 창출하는 것이다.

여기서 '인적자원의 증감변동'이란 인적자원의 획득, 인적자원의 유출이나 배치전환 그리고 이직 등 인적자원의 양적 증감변동을 의미한다. 그리고 '인적자원 가치의 증감변동'이란 인적자원의 질적인 변화를 의미하는 것으로 교육·훈련·개발 등에 의한 종업원 또는 관리자의 질적 향상이나 리더십의 질적 저하에 의한 인적조직의 불합리성 등을 말한다.

기업에서 인적자원을 관리하는 궁극적인 목적은 인적자원의 가치를 증대시키고 나아가 기업의 가치를 증대시키기 위한 것이다. 따라서 인적자원 측정의 목적은 이러한 가치증대를 위해 필요한 인적자원 정보를 산출하여 결과적으로 조직의 성과를 높이려는 데 있다고 보아야 한다.[35]

2) 인적자원 측정의 필요성

Michael Hammer는 말하기를 "대부분의 기업에서 최고의 거짓말은 사람을 가장 중요한 자산으로 여긴다는 말이다. 그들은 사람을 원자재 정도로 취급하고 있다. 진정 그들이 사람을 최고의 자산으로 여긴다면 인적자원에 대한 극적인 투자의 증가가 있어야 할 것이다."라고 하여 인적자원에 대한 중요성 인식과 투자를 강조하고 있다.[36]

그런데 이렇게 투자를 하면 조직의 성과가 당연히 올라갈 것이라고 우리는 추정한다. 그러나 그것은 단지 추정일 뿐이다. 바로 여기에 측정의 필요성이 존재한다. 즉, 각각의 인적자원 활동의 내용과 투자되는 비용이

---

34) 이정도, 전게서, p.27.
35) Boudreau, J. W., & Ramstad, P. M., "Measuring Intellectual Capital: Learning from Financial History", *Human Resource Management*, 36(3), 1997, p.345.
36) Lancaster, G., "Re-engineering Authors Reconsider Reengi- neering", *The Wall Street Journal*, Jan. 7, 1995, p.1.

구성원의 태도나 역량을 어떻게 변화시키고 있는지를 측정하여 평가하고, 그것을 다시 조직의 성과와 관련시키는 작업이 반드시 필요하다는 것이다 (〈그림 2-3〉 참조).

〈그림 2-3〉 인적자원 측정의 3가지 차원

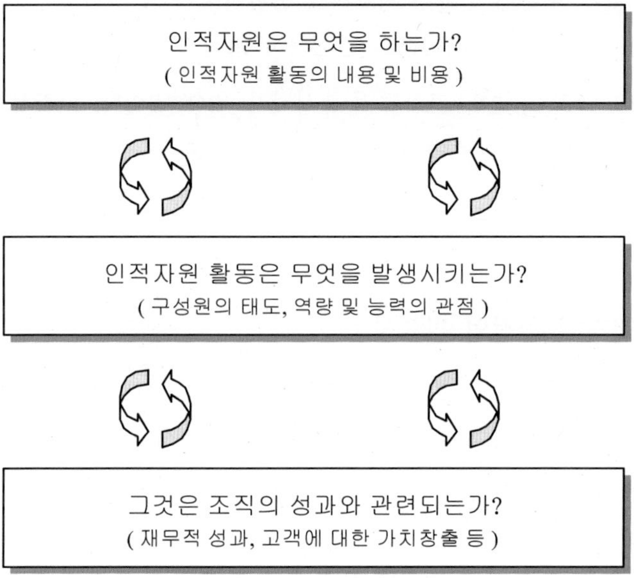

인적자원은 무엇을 하는가?
(인적자원 활동의 내용 및 비용)

인적자원 활동은 무엇을 발생시키는가?
(구성원의 태도, 역량 및 능력의 관점)

그것은 조직의 성과와 관련되는가?
(재무적 성과, 고객에 대한 가치창출 등)

자료: Boudreau, J. W. & Ramstad, P. M., "Measuring Intellectual Capital: Learning from Financial History", *Human Resource Management*, 36(3), 1997, p.346.

이는 인적자원 활동에 따른 조직의 성과를 추정하는 것만으로는 인적자원의 선발, 훈련, 보상 등에 대한 투자 의사결정을 하기에 미흡하다는 것이며, 이에 대한 조직차원의 증거를 만들어 나가야 한다는 것을 강조하고 있는 것이다. 이를 위해서는 각 관리자들이 인적자원관리 활동들이 과연 성과로 이어지고 있는지에 대해 지속적인 관심을 가져야 함은 당연한 것이지만,

더 중요한 것은 평소에 측정을 통해 늘 이에 관한 데이터를 수집·관리해야
한다는 것이다.[37]

3) 인적자원 측정에 관한 연구의 두 조류(潮流)

인적자원 측정에 관한 연구에는 크게 두 개의 조류가 있다.[38]

그 첫째는 인적자원회계(HRA)에 대한 연구로서, 최근에는 그 한계를
보완하면서 일부 북구 학자들을 중심으로 전통적인 '인적자원회계'라는 개
념보다는 보다 광의의 '인적자원 비용 및 회계(Human Resource Cost &
Accounting)'라는 개념을 적용하고 있기 때문에 'HRCA학파'라고 불린
다.[39] 이들은 무형자산 중 인적자원에만 초점을 두고 있으며, 재무적 측
정치를 선호하고, 원가(혹은 비용) 지향적이라는 특징을 갖고 있다. HRCA
는 전통적인 회계 및 원가계산 절차가 조직의 행위에 상당한 영향을 준다
는 암묵적인 가정에 기초하고 있으며, 따라서 회계가 아주 강력하고 광범
위하게 사용되는 도구가 된다. 인적자원의 I/S와 B/S를 작성하는 스웨덴
의 통신회사 Telia사가 HRCA학파를 대표한다고 볼 수 있다.

둘째는 지적자본의 측정에 대한 연구로서, Sveiby가 제안한 IAM(intangible
assets monitor), Kaplan & Norton에 의해 개발된 BSC(balanced score
card), 스웨덴의 보험그룹인 Skandia사가 앞의 두 개념을 접합시켜 개발
한 Skandia Navigator라는 측정모델 등을 함께 묶어서 이에 관련된 연구
자들을 'BSC학파'라고 부른다.[40] 이들은 '무형자산'이라는 회계학적 용어
대신 '지적자본'이라는 용어를 사용하며, 인적자본뿐만 아니라 기타 재무

---

37) Boudreau, J. W. & Ramstad, P. M., op. cit., p.353.
38) 어수봉 외, 전게서, p.118.
39) Grojer, J. E. & Johanson, U., *Human Resource Costing and Accounting*,
    2nd ed., Joint industrial Safety Council, Stockholm, 1996.
40) 어수봉 외, 전게서, p.119.

자본, 구조적 자본, 고객자본 모두에 관심을 가진다. 또한 이들은 비재무적 측정치를 선호하고, 가치지향적 이라는 특징을 갖고 있다. 스웨덴의 보험그룹인 Skandia사가 BSC학파를 대표한다고 볼 수 있다.

두 학파는 이와 같이 일면 상당히 다른 관점에서 출발하였지만, 많은 공통점을 가지고 있다. 양자 모두 무형자산의 투명성을 제고하는 것을 목적으로 하고 있으며, 숨어 있는 원가, 소득, 가치를 발견하기 위해 노력한다는 것이다. 사실 실무에서는 HRCA도 비재무적 측정치를 사용하고, BSC도 재무적 측정치를 사용한다.[41]

이하에서는 이들 두 조류의 연구내용을 구체적으로 살펴보기로 한다.

2. 인적자원회계(HRA)-HRCA학파의 연구

1) 인적자원회계의 정의

'인적자원회계'라는 개념은 1960년대 초에 인적자산 가치평가에 관한 연구들에 의해 회계문헌들에 소개되기 시작하였고, Brummet 등의 미시간대 연구진이 처음으로 이 용어를 사용하여 이 분야에 대한 연구를 선도하였다.[42] 그 후 많은 연구들이 인적자원회계에 대한 개념의 정의를 시도하였는데, 여러 논자들에 의해 널리 인용되고 있는 가장 대표적인 정의들을 요약해보면 다음과 같다.

---

41) 김형기, 「지적자본의 측정과 관리: 이론과 실례」(서울: 한국생산성본부, 1998), pp.13-16.

42) Brummet, R. L., Flamholtz, E. G. & Pyle, W. C., *Human Resource Measurement*, 1968, p.3.

(1) 미국회계학회(AAA: American Accounting Association)

"인적자원회계는 조직에서 사람들을 관리하는 과정의 일부로 볼 수 있으며, 그 주된 목적은 사람들이 조직, 사회, 경제적 복리에 기여하는 방법을 설명할 뿐만 아니라 개선을 도모하는 것이다."[43]

(2) 학자들의 견해

"인적자원회계는 기업에서 효과적인 관리를 위하여 종업원들의 가치·활동에 대한 정보를 확인하고 측정·보고하는 일련의 과정이며, 이를 회계처리 원칙들의 연장선에서 투자 또는 비용과 수익을 상응시키고 관련정보를 재무적 용어로 전달해 보려는 시도이다."[44]

이런 관점들을 종합해보면, 종업원의 교육과 이로 인한 역량의 강화 및 보상이 주요 대상이 되고 있어 종업원에 대한 투자를 촉진시키고, 인적자원관리 체계가 보다 원칙에 충실하며, 그 결과들에 대한 평가도 가능하도록 설계해보려는 것임을 알 수 있다.

2) 인적자원회계의 목적과 한계

인적자원 가치측정의 목적에 관해서 언급한 미국회계학회의 인적자원회계 분과위원회는 1973년 인적자원회계에 관한 보고서에서 인적자원회계의

---

43) American Accounting Association's Committee on Human Resource Accounting, *The Accounting Review*, Supple- ment to Volume 48., 1973, p.2.
44) Flamholtz, E. G., "Valuation of Human Assets in a Securities Brokerage Firm: An Empirical Study", *Accounting, Organi- zations and Society*, 12(4), 1987, pp.309-318; Sackman, S. A., Flamholtz, E. G. & Bullen, M. L., "Human Resource Accounting: State of the Art Review", *Journal of Accounting Literature*, 1989. 8, pp.235-264.

42

목적을 다음 세 가지로 규정한 바 있다.[45]

첫째, 화폐적 측정과 비화폐적 측정을 포함한 조직 내 인적자원의 원가 및 가치를 측정할 수 있는 타당성 있고 신뢰할만한 방법의 개발이다.

둘째, 측정방법을 실제조직에서 이용하기 위한 운영시스템의 설계 및 고안이다.

셋째, 인지적이고도 행동적인 영향(cognitive and behavioral impact)으로 인적자원의 회계적 측정 및 구조가 인간의 태도나 행동에 미치는 영향을 파악하려는 것이다.

또한, McRae는 인적자원회계의 목적을 본질적으로 회계기능의 측면에서 접근하여 다음과 같이 규정하고 있다.[46]

첫째, 경영자 및 투자자들의 의사결정 과정에 이용될 수 있는 조직 내의 인적자원에 관한 계량적 정보의 제공이다.

둘째, 인적자원에 대한 경영자의 이용도를 평가하는 방법이다.

셋째, 공식조직에서 인간가치의 결정요인과 성격을 설명할 수 있는 이론의 제공과 인적자원관리를 위한 관련변수를 파악하여 이를 제공하는데 목적이 있다.

Margues는 경영자와 인적자원관리 전문가들이 인적자원의 획득, 개발, 배분, 보존, 사용, 평가, 보상 등에 대한 의사결정의 기준을 제공하는 정보의 혜택이나 지원을 받을 수 있다고 하였으며, 구체적으로 다음과 같이 제공받을 수 있는 정보의 내용을 제시하고 있다.[47]

첫째, 재무제표 사용자들에게 인적자원 정책의 효과성 및 비용을 측정하는 방법을 알게 한다.

---

45) American Accounting Association's Committee on Human Resource Accounting, *op. cit.*, p.170.
46) McRae, T. W., "Human Resources Accounting as a Managerial Tool", *The Journal of Accounting*, Aug., 1974, p.11.
47) 신성식 외, 「행위회계」(서울: 일신사, 1994), p.225.

둘째, 투자자들에게는 기업의 인적자산에 대한 정보를 재무적 용어로 제공한다.

셋째, 기업주에게는 기업의 사회적 보고책임을 용이하게 해 준다.

넷째, 종업원들에게는 기업이 창출한 부에 그들이 기여한 부분을 파악하게 해 줌으로써, 자신들의 상대적인 성취도를 알 수 있게 해 준다.

이러한 기능과 혜택에도 불구하고 인적자원회계가 널리 채택, 활용되고 있지 못한 이유는 ① 인적자원 가치의 평가 및 측정문제의 어려움 ② 인적자원이 기존의 자산개념에 부합되지 않는다는 점이 아직 미해결과제로서 남아 있다는 것 ③ 인적자원관리 활동들에 대한 지나친 계량화는 나무를 보느라 숲을 못 보게 하는 우를 범할 수 있다는 비판 때문이다.[48]

3) 인적자원회계 연구의 발전과정

Flamholtz는 미합중국 해군연구소, 미국의 주요 금융기관, 항공기 제조회사, 산업용부품 유통업체, 주요 제약회사, 국제회계 사무소, 캐나다의 주요 제조기업, 유럽의 사업용 설비제조업체 등의 조직에서 볼 수 있는 인적자원회계의 구체적 적용사례를 언급하였으며, 〈표 2-2〉에서 보는 바와 같이 인적자원회계의 발전과정을 5단계로 구분하고 있다.[49]

표에서 볼 수 있듯이 인적자원회계는 측정방법의[50] 난해함 등을 이유로 1970년대 말 잠시 소강상태에 있다가, 무형자산의 중요성이 부각되면서 관심이 회복되어 현재는 인적자원정보의 잠재적 유용성과 영향력을 평

---

48) 강순희, 전게논문, p.77.
49) Flamholtz, E. G., *Human Resource Accounting: Advance in Concepts, Methods, and Application*, 2nd ed., London: Jossey-Bass Publishers, 1986, pp.175-176.
50) 인적자원의 측정방법은 중요한 문제지만 주로 회계학 영역에서의 과제이므로 이 책에서는 다루지 않기로 한다.

가하려는 시도들이 계속되고 있는 분야이다.

<표 2-2> 인적자원회계의 발전단계

구 분	내 용
1단계 (1960~1966)	·인적자본에 관한 경제이론으로부터 HRA개념의 도출 ·신인간학파, 리더십의 유용성에 대한 조직심리학자의 관심
2단계 (1966~1971)	·측정모델에 대한 기초적인 학문연구 ·잠재적인 이용자의 확인 및 실제 조직 안에서 몇 가지 실험적인 적용 실시
3단계 (1971~1976)	·연구자 및 조직 양자로부터 HRA에 대한 관심 증대 ·대부분이 소규모 기업구조에 인적자원회계 적용 ·라인관리자와 투자가의 의사결정에 대한 HRA정보의 영향에 대한 평가 실시
4단계 (1976~1980)	·회계연구자와 기업조직 사이에서 HRA에 대한 관심 저하
5단계 (1980~현재)	·HRA의 관심 회복 ·새로운 연구결과와 많은 조직의 HRA 도입 시도(인적자원 측정이 의사결정에 미치는 영향에 관한 실증연구 등)

자료: Flamholtz, E. G., *Human Resource Accounting: Advance in Concepts, Methods, and Application*, 2nd ed., Jossey-Bass Publishers, 1986, p.176.

4) 인적자원회계 연구의 새로운 동향

인적자원회계 연구에서 한 가지 눈여겨볼 만한 움직임은, 일부 북구학자들을 중심으로 전통적인 '인적자원회계'라는 개념보다는 광의의 '인적자원 비용 및 회계'라는 개념을 적용하려는 시도이다. 이들에 따르면 인적자원 비용 및 회계(HRCA)란 일반경제학이 정의하는 바와 같이 "인적자원의 올바른 관리"를 뜻하며, 이는 크게 인적자원에 대한 회계 및 인적자본이론으로 구분된다(<그림 2-4> 참조).

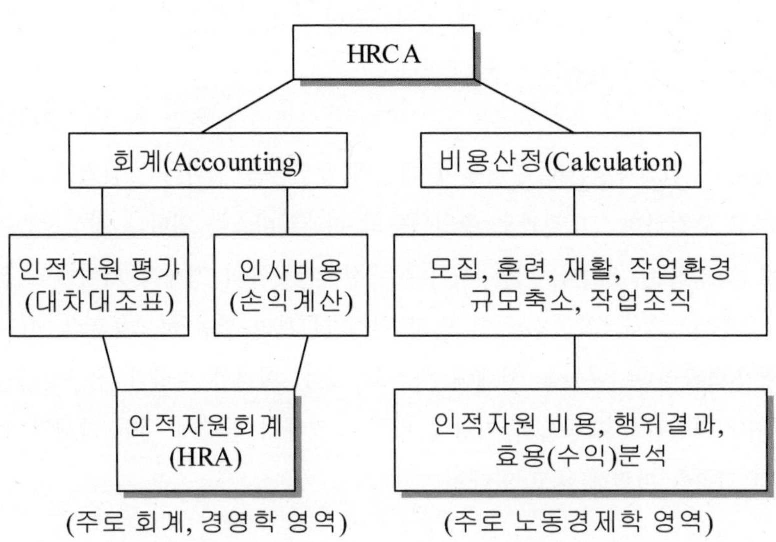

<그림 2-4> 인적자원 비용 및 회계(HRCA)

자료: 강순희, "지식기반사회와 인적자원가치의 측정", 「제2회 지식연구협의회 학술세미나자료집」, 매일경제신문사, 1999. 4. p.75.

먼저, 인적자원에 대한 회계는 인적자원의 가치에 대한 평가를 목표로 하나, 그 방법은 종업원에 지출된 비용 및 그들로부터 창출된 수입을 인적자원 재무제표 등과 같이 회계로 처리하고자 하는 경우와 단지 인적자원관리 활동들로부터 기대되는 재무적 혜택을 효용 또는 수익분석 등을 통하여 측정하고자 하는 경우로 나눌 수 있다.

이는 기본적으로 인적자원 활동들의 생산성 가치를 개념화하려는 기존의 접근방법들을 통합하려는 시도로 볼 수 있다. 즉, 기업 특유의 인적자본은 인적자원에 대한 투자에 기인하는 수익흐름의 현재가치인데, 인적자원관리 활동들의 경제적 효과성에 대한 시장 및 제도적 요소들의 영향을 고려하여 인적자원의 가치를 평가하려는 시도인 것이다. 본래 인적자원회계는 노동의 자산가치뿐만 아니라 인적자원관리 활동들에 기인하는 자산

창출 규모를 체계적으로 측정하기 위한 방법으로서, 주로 회계, 경영학계를 중심으로 기업의 가치평가에 인적자원이 기여한 부분의 가치를 포함시키려는 시도에서 발전되어 온 것이다.

한편 효용 또는 수익분석은 노동경제학 영역에서 주로 관심을 끌어온 주제로서, 인적자원관리 활동들이 개인의 행위들을 얼마나 효과적으로 확인하고 수정하며, 그 결과로 종업원들의 미래서비스를 얼마나 향상시켰는지를 측정하는 것이다. 이는 초기에는 선발활동들의 경제적 기여에 초점이 맞추어졌으나, 최근에는 그 밖의 인적자원관리 활동들(교육훈련, 이직, 전문인력관리)로 분석을 확대해 나가고 있다. 이러한 다양한 접근방법들은 인적자원관리 활동들이 기업에 미치는 경제적 영향에 대한 학제적 접근의 기초를 마련해 주고 있다.[51]

3. 지적자본의 측정 – BSC학파의 연구

1) 지적자본의 개념

스웨덴 Skandia사의 L. Edvinsson은 1993년에 Sveiby의 이론에 Kaplan & Norton에 의해 개발된 BSC(balanced score card) 개념을 접합시켜 연차보고서에 부록으로 무형자산을 측정하여 보고하였다. 그 이후 지적자본 개념은 큰 반향을 불러일으키면서 경영학 이론으로 확산되고 전세계적으로 퍼져나가기 시작했다.

---

51) Steffy, B. D. & Maurer, S. E., "Conceptualizing and Measuring the Economic Effectiveness of Human Resource Activities", *Academy of Management Review*, 13(2), 1988, pp.271-286.

그러나 그에 대한 정의는 좀 막연했으나, 최근 필요에 의해 각 분야의 개인과 집단들이 정형화된 설명을 찾기 시작했다.

미국의 증권거래위원장인 Wallman은 지적자본의 정의에 인간의 두뇌능력뿐만 아니라 브랜드나 등록상표, 그리고 취득가격으로 평가되었으나 그 후 더 가치가 커진 자산 등을 포함시키고 있다. 그에 의하면 "현재의 대차대조표에는 표시되지 않는 자산들"이다.[52] 다른 연구자들은 기술적 선도력, 직원훈련, 또는 고객의 서비스 요청에 대한 반응시간까지를 포함시키고 있다.

캐나다 제국상업은행의 Santon은 지적자본은 인적자본(human capital)과 구조적 자본(structural capital) 그리고 고객자본(cus- tomer capital)으로 구성되어 있다고 한다.[53] 여기서 '인적자본'이란 회사의 직원과 경영자들의 모든 개인적인 능력, 지식, 기술, 경험 등을 말하며, '구조적 자본'이란 인적자본을 체현(體現), 역동화, 그리고 지지(支持)하는 간접자본을 말한다. 이러한 구조적 자본에는 정보기술체계의 질과 범위, 회사 이미지, 독자적인 데이터베이스, 서류뿐만 아니라 특허, 저작권 등 전통적인 항목도 포함된다. '고객자본'이란 직원에 대한 관계나 전략적 동업자에 대한 관계와 구분되는 회사의 고객에 대한 관계를 의미한다. 고객관계의 견고함과 충성도를 측정하는 것이 고객자본 분야의 과제인데, 측정지표에는 만족도, 지속성, 가격민감성, 그리고 장기고객의 재무상태까지 포함된다.[54]

한편, 〈표 2-3〉에서 보는 바와 같이 Sveiby는 기업의 가치를 가시적 자본과 지적자본으로 구분하고, 지적자본은 다시 외부구조, 내부구조, 종업원의 역량으로 구분된다고 한다.[55]

---

52) Edvinsson, L. & Malone, M. S., 황진우 역, 전게서, p.13.
53) LaBarre, P., "The Rush on Knowledge", *Industry Week*, 1996. 2. 19, pp.53-54.
54) Stewart, T., "Your Company's Most Valuable Asset: Intellectual Capital", *Fortune*, 1994. 10. 3, p.1.

〈표 2-3〉 기업의 시장가치

가시적 자본 (장부가치) 대차대초표상의 자산과 부채의 차액	지적자본 (주식가치 중 장부가치를 초과하는 프리미엄)		
	외부구조 (브랜드, 고객 및 공급자와의 관계)	내부구조 (경영관리, 법적구조, 연구개발, 매뉴얼체계, S/W 등)	종업원의 역량 (교육, 경험)

자료: 정선종·김용구 역, 「지식자산의 측정과 관리」, 서울: 미래경영개발연구원, 1999, p.30.

2) 지적자본의 측정모델

지적자본의 측정을 연구하는 'BSC학파'가 개발한 측정모델은, Sveiby가 제안한 IAM(Intangible Assets Monitor), Kaplan & Norton에 의해 개발된 BSC(Balanced Score Card), 스웨덴의 보험그룹인 Skandia사가 앞의 두 개념을 접합시켜 개발한 Skandia Navigator라는 측정모델로 요약된다.

(1) IAM

Sveiby는 1988년에 스웨덴어로 무형자산의 이론서를 발간하였으며, 이 책은 스칸디나비아 지역의 기업들에 의해 광범위하게 사용되었다. 1995년 에는 40개 이상의 스웨덴 회사들이 이 책에서 제시한 원칙에 따라 그들의 지적자본을 측정하고 보고하였다. 경영정보 목적으로 사용된 그 이론은 오늘날 '무형자산모니터(Intangible Assets Monitor)'로 불린다.

---

55) Sveiby, K. E., *The New Organizational Wealth: Managing and Measuring Knowledge-Based Assets*, Berrett Koehler, 1998, 정선종·김용구 역, 「지식 자산의 측정과 관리」(서울: 미래경영개발연구원, 1999), p.30.

Sveiby가 제안한 IAM모델은 기업의 가치가 재무자원을 나타내는 현행의 대차대조표와 이를 보완하는 3가지의 지적자본으로 구성되어 있다고 설명한다(〈표 2-4〉 참조).

(2) BSC

스웨덴의 이러한 노력과는 별개로 1990년 미국에서는 BSC(균형 잡힌 성과기록표)가 Kaplan & Norton에 의해 개발되었다. BSC는 지식기반산업에서 무형자산을 측정하고 보고하기 위한 목적으로 고안된 것은 아니다. 이것은 다만 내부성과 측정에서보다 균형 잡힌 시각을 갖자는 관점을 가지고 있는 것이다. 그러나 두 개념 사이에는 상당한 유사성을 가지고 있다. 양자는 모두 비재무적 측정치가 재무지표를 보완해야 한다고 가정하고 있으며, 비재무적 비율이나 지표가 기업의 영업활동 수준에서 전략적인 수준으로 격상되어야 한다고 주장한다.[56]

BSC는 과거의 성과에 대한 재무적인 측정지표에 추가하여 미래성과를 창출하는 비재무적 측정지표이다. 성과측정기록표의 목표와 측정지표들은 조직의 비전과 전략으로부터 도출된다. Kaplan & Norton은 이 목표와 측정지표가 네 가지 관점(재무적 관점, 고객의 관점, 내부과정 관점, 혁신 및 학습의 관점)에서 조직의 성과를 조망해 볼 수 있어야 한다고 주장한다.[57]

(3) Skandia Navigator

스웨덴의 Skandia사는 지적자본을 계량화하여 주주들에게 공개한 최초의 회사다. Skandia사는 1993년 재무보고서 부록으로 세계 최초의 지적자본 연말결산보고서를 내놓았다.

---

56) Kaplan, R. S. & Norton, D. P., *op. cit.*, pp.286-292.
57) *Ibid.*, pp.47-146.

이 보고서에서 Skandia사는 재무, 고객, 과정, 갱신 및 개발, 인적자원이라는 다섯 가지의 요소를 포괄하는 전체적이고 동적인 내비게이터(Navigator)라는 새로운 보고체계를 만들었는데, 이를 통해서 과거(재무초점), 현재(고객초점, 과정초점, 인적초점), 미래(갱신 및 개발초점)에 대해서 균형 있는 사업계획을 구상할 수 있었다. 이와 같은 노력은 현재 판매고 이외에는 유형자본이 거의 없는 기업들의 미래가치, 특히 지적자본의 가치를 보다 정확히 평가하는 방법들을 제시하여, 회사의 경영자들에게 도움을 주었다. 또한 종업원의 회사에 대한 관심과 열의를 고조시키고, 회사의 목표를 각각의 종업원의 업무별로 연계될 수 있도록 구체적 요소로 세분화시키는 효과도 가져왔다.

다음의 〈그림 2-5〉는 Skandia사의 Navigator 모델이다.

Skandia Navigator에서는 가격보다 품질, 리드타임, 혁신 등으로 경쟁을 하는 경우, 전통적인 역사적 원가에 의한 회계수치로는 기업 활동과 장래성을 평가할 수 없게 된다는 점을 강조하고 있다. 즉, 수익성, 생산성 등은 단기적이기 때문에 기존의 회계보고를 보완할 보고체계가 개발되어야 한다는 것이다.

〈그림 2-5〉 Skandia Navigator

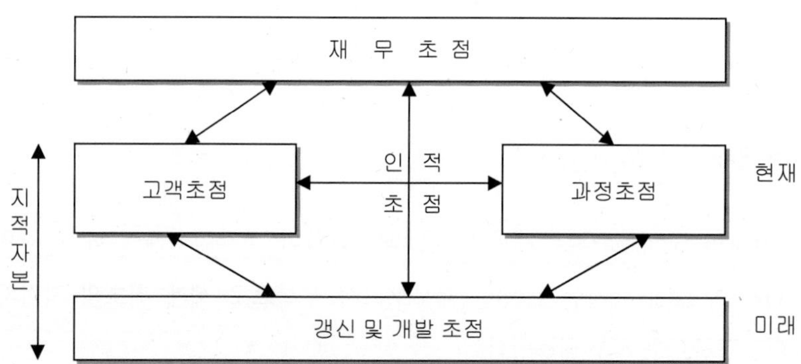

자료: Edvinsson, L., & Malone, M. S., *Intellectual Capital*, 1997, 황진우 역, 「지적자본」, 서울: 세종서적, 1998, p.83.

Skandia사가 개발한 지적자본 평가방식은 기존 회계처리방식의 전면적인 대체수단이 아니라 보완자료로서 활용되고 있으며, 가능한 범위 내에서 최대한 계량화, 객관화를 추진하였다. 인적초점의 경우, 측정지표로는 이직률, 관리자의 비율, 여성관리자의 비율, 종업원 1인당 훈련/교육비용 등이 사용되었다.

4. 인적자원 측정의 적용사례

최근 들어 기업차원에서 인적자원 측정 시스템을 도입하기 시작한 것은 경영상 목적과 주주·은행·정부 등 이해관계자의 의사결정에 도움을 주기 위해서인데, 특허권·상표권·제품에 대한 인식도 등 무형자산이 회계처리 및 보고체계에 포함되면서 이들이 은행 등 금융기관의 대출 시에 담보로도 가능하게 되었다. 그러나 무형자산 평가에 일반적으로 승인된 규정이 없고 주관성이 많이 개입될 개연성이 있어 재무제표에 정확히 반영되기 어렵다는 것은 앞으로 해결해야 할 과제이다.[58]

지금까지 기업에서 인적자원 측정 시스템을 적용한 사례는 미국에서 다수 보여지며, 유럽과 일본의 경우도 일부 나타나고 있다.[59] 최근에는 주로 금융사와 항공사 등에서 많이 보여진다. 여기에서는 미국 Saratoga연구소의 인적자산관리 지표 및 인적자원 측정을 시행하고 있는 대표적 기업 사례를 살펴본다.

---

58) 안정근, "무형자산과 지적재산권의 평가", 「한국지역개발학회지」, 10(2), 1998. 8, pp.79-91.
59) Sackman, S. A., et al., op. cit., pp.244-246.

1) Saratoga연구소

Fitz-Enz가 창설하여 대표로 있는 Saratoga Institute(SI)는 미국 인사관리협회의 지원으로 설립되어 인적자원관리 활동 및 그 성과를 측정하는 공식을 개발해 왔으며, 가감 수정을 통해 매년 발표되고 있는 인적자원효과성 보고서의 기초가 되는 인적자원관리 벤치마크를 개발하였다. 이것은 약 30개의 지표 또는 측정치들로 구성되어 있으며, SI는 미국 인사관리협회와 공동으로 이들 지표들을 산업별, 기업규모별, 지역 및 성장률에 따라 분류하여 보고하고 있다. 이 연례보고는 현재 미국기업들의 인적자원관리에 관한 국가표준으로 간주되고 있다.

이 보고서의 지표에는 ① 종업원 1인당 수익 ② 종업원 1인당 비용지출 ③ 수익에 대한 급여의 비율 ④ 비용지출에 대한 급여의 비율 ⑤ 총 종업원에 대한 신규채용인원의 비율 ⑥ 신규채용 비용 ⑦ 총원소요기간 ⑧ 직무수행 시작하는데 소요되는 시간 ⑨ 훈련비용 ⑩ 훈련시간 ⑪ 회사비용지출에 대한 인적자원부서의 비용지출 비율 ⑫ 총종업원에 대한 인적자원관리 담당자 비율 ⑬ 종업원 1인당 인적자원관리 비용 ⑭ 감독직 급여의 비율 ⑮ 비용지출에 대한 일선근로자에 대한 급여의 비율 ⑯ 종업원 1인당으로 환산한 일선근로자에 대한 급여 ⑰ 결근율 ⑱ 비자발적 이직 ⑲ 자발적 이직 ⑳ 선발인원 중 실제 취업인원 비율 등이 포함되고 있다.[60]

이들 지표들은 인적자원 자체의 가치평가보다는 인적자원관리 활동들의 효과성을 측정하는 지표로서의 성격을 지니고 있다. 즉, 인적자원관리에 있어서 활동들의 효과성이 반영되지 않고는 인적자원의 관리와 사업의 수익성과의 연계를 입증, 설득할 수 없다는 점을 강조하고 있다. 이는 이 책

---

60) Fitz-Enz, J., *How to Measure Human Resource Management*, 2nd ed., New York: McGraw-Hill, 1995, pp.86-95.

의 연구방향과 목적에 일치하는 것으로 연구의 설계 시 적극 활용되었다.

한편 이들 지표를 인적자원관리 활동별로 구분해보면, ⑤~⑧과 ⑳은 모집 및 선발활동, ⑨와 ⑩은 교육훈련 활동, ⑰~⑲는 결근 및 이직관리에 관련된 측정지표라는 것을 알 수 있으며, 나머지는 보상과 관련된 전반적인 인적자원관리의 효과성을 측정하는 지표들이라는 것을 알 수 있다.

2) Barry사

Barry사는 1947년에 창업한 종업원 1,700여 명의 중소기업에 속하는 회사로서 소규모 동족회사로 출발하였다. Barry사는 자본집약적인 회사는 아니며 인간을 존중하며 기업의 종업원, 관리직 등 사람의 가치를 중시하는 기본이념을 경영철학으로 여기고 있는 회사다. Barry사의 고든 잭스(Gordon Zacks) 사장은 미시간 대학의 Brummet 교수를 중심으로 한 인적자원 가치측정 연구의 진행시 이를 도입하고자 직원 4명을 참가시켜 인적자원 가치측정 이론의 실천화에 노력하였다. 동 연구팀은 Barry사의 과거 자료로부터 인적자원의 취득원가와 기타원가를 분류하고 인적자원을, 수익적 지출은 인적자원비용으로, 자본적 지출은 인적자산으로 분류하였다.[61]

그리고 인적자산은 모집비, 채용비, 훈련비, 적응비, 체험비, 개발비 등 기능별 자산계정으로 분류함과 동시에 이 기능별 자산계정의 총액을 관리자별로 인명자산계정에 할당하였다.

이와 같은 인적자원 측정 시스템을 채택하고 있는 Barry사의 인적자원 측정 모델은 〈그림 2-6〉과 같으며, 모델의 구성요소 중 기능별 투자관련 지표를 살펴보면 다음과 같다.

① 모집 및 채용: 모집비(recruiting cost)는 선발관련 광고비, 조사 수

---

61) 서울대학교 경영연구소, 「경영논집」, 제5권 제2호, 1971, p.29.

수료, 여비이며, 채용비(aquisition cost)는 선정된 후보자를 채용하는데 필요한 주선수수료, 여비, 잠정생활비, 신체검사비 등이다. 동 비용의 최대 내용연수는 개인이 당해 기업에 근무할 최대기간이 된다.

② 공식훈련 및 오리엔테이션 투자: 공식훈련비(formal training cost)는 기계조작 등 특정 사무기술을 습득하는데 필요한 투자액이며 내용연수는 4년이다. 오리엔테이션 투자의 경우도 같다.

③ 사업 내 훈련 및 숙련투자(familiarization): 동 비용은 동시에 발생하므로 구분하기 어려우나 동 과정에 투입된 구성원의 각 임금률에 시간 추정치를 곱하여 산정되며 내용연수는 4년이다.

④ 능력개발비(development cost): 전문직이 아닌 일반종업원의 능력개발에 대한 투자액으로 내용연수는 6년이다.

⑤ 실무연수투자: 새로운 기계도입 등의 경우, 도입에 앞서 실무연수를 받는 경우 관련비용이 동 투자액으로서 프로젝트별로 인식 측정하고 차기 이후에 학습효과가 발생되는 것을 투자로 처리한다.

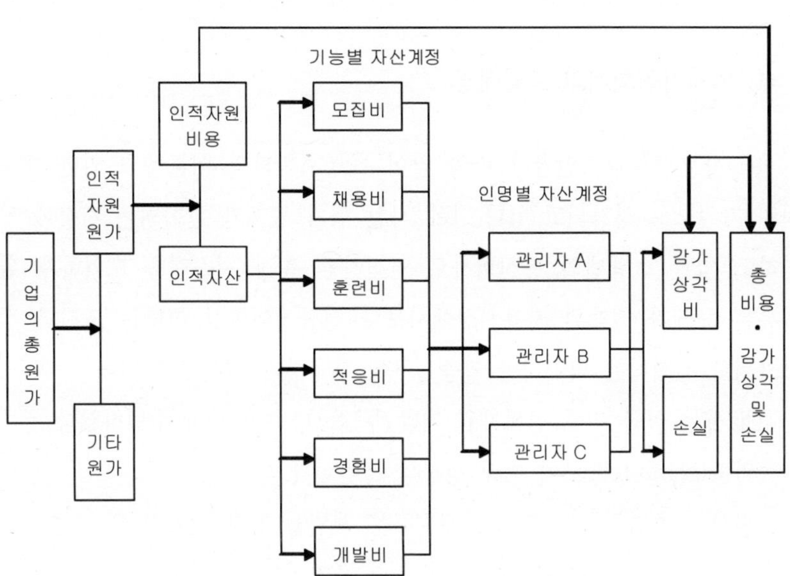

〈그림 2-6〉 Barry사의 인적자원 측정 모델

자료: Brummet, R. L., Flamholtz, E. G., & Pyle, W. C., *Human Resource Measurement*, 1968, p.222.

Barry사의 인적자원 측정 모델을 통해서 알 수 있듯이 동사(同社)가 인적자원 측정 시스템을 개발하게 된 주요 목적은 다음과 같다.

첫째, 경영자들에게 조직의 자산을 관리하고 고객의 신용을 유지하는데 필요한 정보를 제공한다. 둘째, 경영자들이 의사결정을 하는데 있어서 도움이 되도록 인적자원에 대한 정보를 제공한다. 셋째, 인적자산을 포함한 총자산에 대한 보다 정확한 수익률을 조직에 제공하며, 경영자로 하여금 기업의 목표달성에 영향을 주는 자산상태의 변화를 분석할 수 있도록 한다.

이러한 Barry사의 시스템은 모집, 채용, 훈련 등에 관한 역사적 원가를 경영자에게 제공함으로써 특히 인력계획에 유용하게 사용할 수 있으며, 또한 전략적 계획은 물론 통제에도 유용한 틀로 평가된다.

3) Telia사

(1) 인적자원회계의 도입배경

Telia사는 앞에서 언급한 바와 같이 HRCA학파의 이론을 도입한 대표적인 기업으로 평가되고 있다. Telia사는 점차 규제가 완화되는 시장에 직면하고 있는 스웨덴의 통신회사로 인적자원 측정 시스템을 도입하게 된 이유는 규제가 철폐된 자유시장에서보다 성공적이어야 한다는 도전과 정보사회로 진입하는 역량기반 확충요구에 부응하기 위해서였다.[62]

Telia사는 이를 위해 인적자원 개발전략을 다음과 같이 수립하였다.

- 역량(competence)이 미래 성공의 조건이다.
- 회사는 종업원들의 역량을 개발하는 책임을 진다.
- 역량이 학습조직으로 발전하기 위한 조건이다.
- 학습조직이 고객들의 요구를 충족시키는 데 필요조건이다.
- 종업원들이 가장 중요한 자원이며, 그들의 성장능력이 기업의 미래 수익성을 보장해 주는 것이다.

이와 같은 인적자원 개발전략으로 인해서 Telia사에서 인적자원관리 기능은 기업의 전반적인 전략의 중요부문으로 간주되고 있으며, 인적자원요소와 시장요소가 기업의 전략계획에 함께 강조되고 있다. 또한, 정보사회로 진입할수록 종업원의 만족이 생산성 증대의 관건임을 강조하고, 이러한 만족이 어떤 형태로든 표기되고, 보고 되어 경영자들의 주의를 끌 수 있도록 해야 한다는 입장을 취하고 있다.

---

62) 어수봉 외, 전게서, p.85.

(2) 인적자원 측정지표

Telia사는 인적자원계정을 별도로 관리하고 있는데, 인적자원계정은 종업원, 관리자, 내부 의사소통, 인적자원 요구, 해고와 내부 전환배치, 역량개발, 조직과 작업방법, 보상과 작업여건, 작업환경, 균등기회 및 문화적 차이, 스탭 조직들과의 협동 등 11개의 항목들로 구성되어 있다.[63] 이 항목들에 입각하여 측정치와 함께 전반적인 경영정보체계가 개발된다. 즉, 이상의 11개 항목들이 인적자원관리 활동의 현상을 파악하는 원칙이 되고 있으며, 이를 토대로 하여 인적자원계정의 측정치들이 지표화 되고 있다.

인적자원계정은 상태를 나타내는 통계적 정보, 실행과정에서 나타나는 내부 주요 수치, 결과를 나타내는 효과목표로 구분되어 작성되어 지는데, 결과부분에 인적자원 대차대조표와 인적자원 손익계산서가 포함되어 작성된다.

4) WM-Data사

(1) 인적자원 측정의 특징

유럽의 컴퓨터 소프트웨어 컨설팅 업체인 WM-Data사의 사례는 비재무적인 측정지표를 효과적으로 사용하는 경영정보시스템이 재무적인 성공과 주주가치의 극대화를 보장할 수 있다는 것을 잘 보여주고 있다.[64]

이 회사는 자기자본수익률, 투자수익률과 같은 전통적인 재무지표들은 그룹차원에서만 이용하고 있을 뿐이며, 이러한 재무지표들은 경영통제에 유용하지 않은 것으로 간주하고, 경영진이 매주, 매달, 매년 상황을 파악

---

63) 상게서, p.86.
64) Sveiby, K. E., 정선종 · 김용구 역, 전게서, pp.259-265.

하는데 이용할 수 있는 비재무적 지표들을 설계했다. WM-Data가 통제를 위해서 전통적인 재무지표들을 사용하지는 않지만, 이들의 재무성과는 잘못된 것이 없었으며, 오히려 유럽에서 가장 수익성 높은 컴퓨터 컨설팅 회사가 되었다.

(2) 인적자원 측정지표

WM-Data사의 비재무적 측정지표 중 주요 인적자원 관련지표를 살펴보면 다음과 같다.

첫째는 전문인력과 이직률에 대한 철저한 관리이다. 이 회사는 우선 종업원을 수입창출인력(revenue creating person: RCP)과 수입비창출인력으로 구분하여 수입비창출인력의 비율이 10%를 넘지 않도록 하였고, 이직률은 7~10%를 유지하였다.[65] 또한 종업원 가족들을 WM-Data의 확대된 가족으로 포함하는 친목행사 등을 가짐으로써 상당한 자원을 들여 이들의 충성심을 길러내려고 노력했다.

둘째는 평균연령의 관리이다. 이는 컴퓨터 컨설팅 업체라는 특성에 기인하는 것이겠지만 WM-Data사는 기업의 평균연령이 상승하는 것을 막기 위해 대학으로부터 활발한 사원 채용 작업을 하여 1995년 사원의 평균연령이 35세에 불과하였다. 연령과 경험이 조화를 이루는 것은 빠르게 발전해나가는 컴퓨터 컨설팅 업계에서 매우 중요하게 여겨지는 부분이다. 이 회사는 또한 창조적인 분위기로 조직을 이끌어 가기 위해서 여성 채용을 장려하여 채용비율을 29%까지 높였는데, 이는 젊은 스웨덴 여성들이 컴퓨터 관련 전문직업을 선호하게 하는 동기로 작용하기도 했다.

---

65) 기업 특성상 어느 정도의 이직률은 불가피한 것이었으나 너무 빠를 경우에는 곤란하기 때문에 호황기에는 이직률을 10% 이하로 유지하기 위하여 노력하였고, 1990년에서 1993년 사이의 불경기에는 내부직무순환을 장려함으로써 이직률을 다소 증가시키려고 노력했다(자료: 상게서, p.262).

셋째는 인력의 활용도이다. 이 회사는 주간 용량활용도(weekly capacity utilization)를 지표로 삼았는데, 이는 가장 중요한 단기 수익의 측정방법이 되었다. 이 회사는 주간 용량활용도 목표를 80%로 설정하였으며, 사원채용도 이에 맞추어 목표량을 잡았다. 목표 80%는 전문인력들이 양적으로나 질적으로 최고점에 이를 때와 최저점에 이를 때를 조절할 수 있는 유연성을 제공했다.

이와 같이 WM-Data사는 철저하게 지식중심의 전략을 추구한다. 경영자들은 기업 환경과 기업 정신을 감독하기보다는 관리하며, 최고경영진은 비재무적 지표들을 가지고 이러한 환경을 체크한다. WM-Data사는 무형자산에 주목하고 전통적인 재무지표 대신에 무형자산용 지표들을 감시함으로써, 어떻게 재무적인 성공을 거둘 수 있는가를 가르쳐준다.

第3章 人的資源 測定의 人的資源
管理活動에의 適用

　본 장에서는 앞에서 살펴 본 인적자원 측정이론과 인적자원관리 활동을 연결시켜 실제 인적자원관리 활동에 있어서 어떤 측정지표들이 관리되어져야 하는지를 살펴보고자 한다. 2장에서 기업별로 적용하고 있는 측정지표들을 나열식으로 알아보았다면, 본 장에서는 연구목적에 맞게 이것들을 인적자원관리 활동별로 재구성하여 실증분석의 토대로 삼고자한다. 이를 위해 1절에서는 양자 간의 관련성에 대해 알아보고, 2절에서는 각 인적자원관리 활동별로 적용될 수 있는 지표들을 2장의 연구결과를 토대로 설명하였다. 3절에서는 인적자원관리와 기업성과에 대한 기존연구들을 살펴보았는데, 이는 측정 작업을 통한 효과적인 인적자원관리가 결국 기업성과에 긍정적인 영향을 준다는 점을 설명하기 위함이다.

第1節 人的資源 測定과 人的資源管理의 關聯性

1. 논리적 배경

2장에서의 논의를 통하여 우리는 인적자원 측정을 통해 얻어진 정보가 인적자원관리 활동에 적용될 때, 보다 효과적으로 조직의 목표를 달성할 수 있으리라는 믿음을 갖게 된다. 다시 말해서 인적자원관리 활동에서 인적자원의 측정은 필수적이라는 해석이 가능하다. Kaplan & Norton은 "만약 당신이 어떤 것을 측정할 수 없다면, 그것을 관리할 수도 없을 것이다."라고 하면서 측정(measurement)의 중요성을 강조하고 있다.[66] 또한 "무엇이고 측정하게 되면 그 측정대상의 경쟁력은 향상된다. 측정하지 않으면 가치가 생기지 않는다"라고 까지 말하고 있는 것이다.[67]

문제는 측정에 대한 지속적인 관심과 노력의 부족에 있다. Boudreau 등은 이에 대해 비판을 가하면서, 비록 비재무적이고 불완전한 것이라도 항상 '데이터(Data)'를 이용하여 의사결정을 할 것과, 측정이 너무 쉽거나 효과가 확실해서 측정의 필요성을 별로 못 느끼는 지표라고 하더라도 지속적으로 관리할 것을 조언하고 있다.[68] 이는 그러한 작업들을 통해서 인적자원 측정활동이 보다 세련되어 지고 실행력이 강화될 것이기 때문이다.

---

66) Kaplan, R. S. & Norton, D. P., *op. cit.*, p.21.
67) 포스코 경영연구소, 「지식경영」(서울: 더난출판사, 1998), p.130.
68) Boudreau, J. W. & Ramstad, P. M., op. cit., pp.353-354.

2. 인적자원 정보와 인적자원관리

Flamholtz는 기업경영의 합리화를 위해서 측정에 의한 인적자원 정보의 필요성을 다음과 같이 말하고 있다.[69]

첫째, 인적자원가치에 대한 정보 없이 최적의 의사결정을 할 수 없다. 경영자는 의사결정에 있어서 계량 가능한 변수만을 기초로 할 뿐 인적자원과 같이 계량화가 어려운 것은 무시하기 쉬운 경향이 있다. 그러나 미래에 효익이 있을 것으로 기대되는 의사결정이나 정책이 인적자원을 고려하지 않음으로써 실제로 그 조직에 손해를 끼치게 될지도 모른다.

둘째, 측정에 의한 인적자원 정보는 인력계획설정 및 통제에 효과적이고 유용한 역할을 할 수 있다. 즉, 인적자원 정보는 인력의 확보, 개발, 배치, 보상 등을 위한 의사결정과 경영자가 인적자원의 유지와 활용에 대한 효율성을 평가하는데 도움을 줄 수 있다.

이상에서 살펴본 바와 같이 인적자원 측정은 인적자원관리와 밀접한 관련을 가지고 있다. 이는 결국 종업원들이 조직과 밀착되어 있고 그들의 역량강화가 조직의 발전에 유용하다는 전제하에서, 인적자원 측정은 종업원들이 개발될 수 있는 자원이라는 사실을 인식하도록 해 주며, 조직구성원들에 대한 투자가 자연스러운 현상이라는 생각을 갖게 하는 유용한 관리기법이 되기 때문이다.[70]

---

69) Flamholtz, E. G., "Relevance Regained: Management Accounting Past, Present and Future", *Advances in Management Accounting*, 1992. 1, pp.21-34.
70) 장영철, 전게논문, p.49.

第2節 人的資源管理 活動의 重要性 및 測定指標

　본 절에서는 인적자원관리 활동별로 그 개념 및 중요성을 살펴본 뒤, 인적자원관리 전문연구기관과 인적자원 측정 시스템을 채택하고 있는 선진기업들이 사용하고 있는 지표들에 대해 살펴보아, 실증연구의 토대로 삼고자 한다. 인적자원관리 활동 ① 모집·선발 활동 ② 교육훈련 활동 ③ 결근 및 이직관리 활동 ④ 전문인력관리 활동 등 네 가지로 선정된 것은 앞에서 살펴 본 여러 지표들을 인적자원관리 활동에 맞추어 분개한 결과이다.

　이 중 전문인력관리는 통상 인적자원관리 활동으로 구분되지는 않지만, 많은 기업들이 이에 관한 관리를 강화하고 있고, 측정지표도 많이 활용하고 있어 선정하였다. 일반적으로 인적자원관리 활동에 포함되는 보상관리는 그 자체가 금전적인 성격을 띠고 있고, 별도의 계량화를 위한 지표관리가 이루어지지 않고 있어 설명을 생략하였다. 그러나 급여부분은 다른 재무적 지표와 연계되어 인적자원관리의 종합적인 효과성을 측정하는 지표로 활용되고 있으므로, 실증분석을 위한 연구 설계 시에는 반영하였다.

1. 모집·선발 활동

1) 모집·선발의 개념 및 중요성

모집과 선발은 개방된 하나의 시스템으로서, 생존 및 성장을 위해 기업

내 인적자원의 균형을 이루어 가는 활동이다. 이를 위해 기업은 인력계획에 따라서 인력을 보충하거나 재조정, 혹은 일정수준을 유지하기 위하여 정기적으로 혹은 비정기적으로 모집 및 선발활동을 수행하고 있다. 이 같은 맥락에서 모집은 선발을 전제로 하여 양질의 인력을 조직으로 유인하는 과정이라 정의할 수 있으며, 학자마다 대체로 일치된 견해를 보이고 있다.[71] 또한 선발은 모집된 지원자 집단 중에서 특정 직무에 가장 적합한 개인을 선택하는 과정이며, 많은 수의 지원자가 모집될수록 우수인력의 확보가능성이 높아지게 된다.[72]

노동력을 공급하는 사람과 노동력을 필요로 하는 사람들 간의 거래가 이루어지는 노동시장은 일반적으로 외부노동시장과 내부노동시장으로 구분되는데, 모집 및 선발을 시행하는 데 있어서 외부노동시장의 상황은 특히 중요하다. 어떠한 산업부문이든 간에 첨단기술 분야에 대해서는 인적자원에 대한 수요가 공급을 초과하기 마련이다. 이러한 상황은 첨단기술 인력에 대한 외부노동시장 조건이 좋지 못하다고 말할 수 있는 것이다. 그러나 외부노동시장 조건의 변화에 따라 모집 및 선발방침을 너무 자주 변경하는 것은 바람직하지 않다. 외부노동시장 조건이 유리하다 하여 인력확보와 훈련 및 개발을 등한시하다 보면 언젠가는 큰 어려움에 처한다는 사실은 너무도 자주 증명되고 있다. 따라서 모집 및 선발은 단기적인 노동시장 상황만을 고려하기보다는 더욱 장기적인 관점에서 이루어져야 한다.[73]

특히, 지식사회에서의 모집과 선발활동은 경영진의 가장 중요한 투자결정이며, 전략적 도구로 여겨진다. 전략적인 모집과 선발을 통해 경영진은 회사의 사업구상을 수정함과 동시에 회사의 역량과 무형자산을 늘릴 수도

---

71) Mondy, R. W., Noe, R. M. & Edwards, R. E., "What the Staffing Funktion Entails", *Personnel*, Vol.63, 1986, pp.54-58.
72) Gatewood, R. D. & Feild, H. S., *Human Resource Selection*, The Dryden Press, 1998, pp.3-5.
73) 박내회, 전게서, pp.139-140.

또는 줄일 수도 있기 때문이다.[74]

한편, 기업차원에서 인적자원의 확보는 '제작전략(make stra- tegy)'과 '구입전략(buy strategy)'으로 나누어 설명되기도 하는데,[75] 제작전략을 선호하는 조직은 인적자원에 대해서 조직이 필요로 하는 기능의 습득여부보다는 일반적인 적성(또는 훈련시켜 개발할 만한 역량을 갖추고 있는지 여부)에 중점을 두어 모집 및 선발에 임하는 반면, 구입전략을 선호하는 조직은 조직이 필요로 하는 기능을 이미 갖추고 있는 사람들을 선별하여 모집 및 선발을 시행하는 경향이 크다. 즉, 구입전략을 선호하는 조직은 인적자원의 확보에 중점을 두는 조직이라고 할 수 있으며, 제작전략을 선호하는 조직은 인적자원의 개발에 중점을 두는 조직이라고 할 수 있다. 물론 이러한 구분은 이분법적인 것이 아니라 하나의 연속선(continuum) 상의 구분으로 이해되어야 한다.

조직이 인적자원의 확보에 중점을 두는가 아니면 개발에 중점을 두는가에 따라서 모집 및 선발의 방향은 확연히 달라진다. 인적자원의 확보에 중점을 두는 조직들의 경우에는 모집 및 선발이 주로 외부노동시장을 대상으로 이루어지는 경우가 많으며, 선발된 인원들을 즉시 현업에 투입하고자 하기 때문에 좀 더 엄격한 기준에 의한 모집 및 선발이 이루어질 가능성이 높다. 구체적으로는 인력의 보유능력이나 가치(endowed value)를 판단하기 위해 더 많은 시간과 예산을 투입할 것이며, 공인된 자격증의 소지여부를 중요한 선발기준으로 삼으려 할 것이다.[76]

반면, 인적자원의 개발에 중점을 두는 조직들의 경우에는 모집 및 선발의 원천으로서 외부노동시장보다는 내부노동시장을 중시하며, 상대적으로 덜 엄격한 기준에 의하여 모집 및 선발이 이루어질 가능성이 높다.

---

74) Sveiby, K. E., 정선종 · 김용구 역, 전게서, p.117.
75) 박내회, 전게서, pp.141-142.
76) 이도화 · 원성삼, "국내 기업체의 채용관리 관행", 「인사관리연구」, 한국인사관리학회, 1998. 12, pp.265-271.

2) 측정지표

먼저 미국 인사관리협회의 지원하에 설립되어 인적자원관리 활동 및 그 성과를 측정하는 공식을 개발한 Saratoga연구소는, 효과적인 모집 및 선발활동을 위한 관리지표로서 인당 신규채용 비용, 모집인원 중 실제 선발인원 비율 , 선발인원 중 실제 취업인원 비율, 충원 소요기간, 직무수행을 시작하는데 소요되는 시간 등을 권장하고 있다. 선진기업들은 이러한 지표들에 대한 지속적인 관심과 측정을 통해서 인적자원의 가치를 측정하는 데 효과적으로 이용하고 있다.[77] Barry사는 선발관련 광고비·조사수수료·여비는 모집비(recruiting cost)로, 채용 시 필요한 주선수수료·여비·잠정생활비·신체검사비는 획득비(acquisition cost)로 구분하여 지출원가법에 의한 회계모델에 적용하고 있다. Telia사도 채용비용을 측정하여 HR 손익계산서에 반영하고 있으며, 스웨덴의 항공운송관련 서비스 회사인 SCAA(The Swedish Civil Aviation Administration)사 역시 채용비용을 인적자원계정 항목에 포함시켜 관리하고 있다.

2. 교육훈련 활동

1) 교육훈련의 개념 및 중요성

학자들은 일반적으로 인적자원개발의 개념 속에 교육훈련을 포함시키고 있는데, Gilly 등에 의하면 인적자원개발이란 "업무, 개인, 조직의 효과성을 증진하기 위한 교육훈련, 경력개발, 조직개발의 통합적인 과정"이라고

---

77) 어수봉 외, 전게서, pp.117-118.

정의하고 있다.[78] 이러한 관점에 의하면 교육훈련, 경력개발, 조직개발을 인적자원개발의 활동범위 또는 구성요소로 정리할 수 있는데, 경력개발과 조직개발은 기업교육과 관련은 있지만, 보다 포괄적인 인적자원개발의 범주로 분류된다. 따라서 인적자원 측정과 관련된 관리지표들은 모두 교육훈련에 따르는 비용·시간·참가자 수 및 그에 따른 효과의 측정에 초점을 맞추고 있다.

학자에 따라서는 '교육'과 '훈련'을 엄격히 구분하기도 한다. 즉, '교육'은 구성원의 일반적인 지식, 기능, 태도 등을 육성하는 활동으로서 주로 구성원의 능력개발에 관심을 두어 장기적인 변화를 추구한다. 반면에 '훈련'은 특정 직무를 수행하는데 필요한 지식과 기술의 증진 또는 습득을 위한 것으로서 문제해결, 태도, 관행, 행동의 변경에 관심을 두고 단기적인 변화를 추구하는 경향이 있다는 것이다.[79]

교육훈련의 방법은 학자들마다 여러 가지로 구분하지만, 일반적으로 상사가 부하에 대해 일상의 업무를 통해서 업무에 필요한 능력을 개발하고 활용하기 위해 실시하는 직무교육훈련(OJT: on-the-job training)과, 작업현장에서 벗어나 보다 전문적이고 체계적으로 실시하는 직무 외 훈련(Off-JT: off-the-job training), 그리고 자기개발 의욕을 갖고 자주적으로 노력하는 자기개발(SD: self-development)을 들 수 있다.[80]

한편, 교육훈련의 중요성에 대해 나윤기는 다음과 같이 설명하고 있다.[81]

첫째, 급속한 경제발전으로 조직의 업무내용이 현저하게 다양화되고 고도화됨에 따라, 과거의 지식이나 기술은 진부한 것으로 취급되고 있으며, 문제의 분석력과 의사결정능력 등의 면에서 개선을 요하게 되었다.

둘째, 경제규모의 확대와 더불어 시장을 둘러싼 조직 간의 경쟁이 치열

---

78) Gilley, J. W. & Eggland, S. A., op. cit., pp.13-15.
79) 박내회, 전게서, p.206.
80) 김귀현, 「산업훈련론」(서울: 서문출판사, 1982), pp.149-152.
81) 나윤기, 전게서, pp.336-337.

해지면서 조직의 경쟁력을 높이기 위해서는 교육훈련에 의한 개인의 능력 개발이 필수 불가결한 요소가 되었다.

셋째, 조직의 환경변화는 자연스럽게 인적자원관리의 방법과 제도에도 변화를 가져오게 되는데, 이에 따른 사람들의 가치관 변화는 조직 환경에 적응할 수 있는 인재양성과 능력개발 그리고 관련된 교육훈련의 필요성을 절실히 요청하고 있다.

2) 측정지표

인적자원 측정지표 중 교육훈련에 관련된 지표를 가장 많이 발견할 수 있는데, 이는 교육훈련을 통한 역량의 개발이 인적자원관리의 궁극적인 목적인 인적자원 가치증대를 위한 첩경이라고 생각하기 때문이다.[82]

먼저 Skandia사는 연간 훈련일수·연간 훈련비용·관리자의 고급학위 소지비율 등을 지속적으로 측정·관리하고 있으며,[83] 서비스사업의 협의 체인 Tjesteforbundet사는 1인당 교육투자비용을 측정하고 있다. 덴마크의 컨설팅 기업인 PLS Consult사도 역시 교육비용과 컨설턴트의 학력과 연공을 측정하고 있으며, ABB사는 더욱 구체적으로 1인당 교육시간·교육 비용·매출액 중 교육비 비율 등을 지표로 하여 비용 대비 효과를 측정·관리하고 있다. Saratoga연구소는 훈련비용과 훈련시간을 측정하여 '인적 자원효과성보고서'에 반영하고 있다.

여기서 한 가지 주목해야 할 것은 미국의 전 지역을 대상으로 순회교육을 실시하는 산업교육 협의체인 ASTD(America Society Training &

---

82) DeSimone, R. L. & Harris, D. M., *Human Resource Development*, The Dryden Press, 1998, pp.3-7.
83) Edvinsson, L. & Malone, M. S., 황진우 역, 전게서, p.175.

Development)가 발표한 지표들이다.[84] 이는 미국기업들의 교육훈련에 대한 투자행태를 종합하여 권장할만한 측정지표로 개발된 것이며, 많은 기업들이 교육훈련 평가를 위한 지침으로 삼고 있다. 그 내용은 다음과 같다.

(1) 훈련비용 지출

① 훈련비용 지출액 ② 훈련담당자의 급여 ③ 외부 교육/훈련기관에 대한 지급액 ④ 종업원 1인당 훈련비용 ⑤ 인건비 대비 총 훈련비용 지출비율 ⑥ 훈련에 참가한 종업원의 비율 ⑦ 전년대비 훈련지출 증가 비율 ⑧ 금년대비 내년도 훈련지출 증가(감소)비율 기대치 ⑨ 전년대비 훈련참가자 증가 비율 ⑩ 정의 자체개발/외부수주 비율

(2) 훈련형태

① 기본 기능훈련 ② 판매훈련 ③ 임원개발 ④ 제품지식 ⑤ 전문기능 ⑥ 의식향상 ⑦ 고객서비스 ⑧ 품질, 경쟁 및 사업실무 ⑨ 팀워크 ⑩ 작업안전 및 규칙준수 ⑪ 직무수행에 필요한 기술적 기능 ⑫ 컴퓨터 이해 및 적용 ⑬ 관리감독 기능 ⑭ 신입사원 오리엔테이션 ⑮ 각 훈련과정별 소요시간 및 지출비용 비율

(3) 훈련담당자 및 훈련자원(전년 대비치, 당해년도치, 내년도 기대치)

① 훈련장소: 회사내부 또는 외부장소 사용 비율 ② 내부 훈련담당자 또는 외부기관(노총, 조합, 전문기관 등) 활용 비율 ③ 훈련담당자/전체종

---

84) Bassi, L. & Van Buren, M. E., "The 1998 ASTD State of the Industry Report: Leading-edge Practices, Industry Facts and Figures, and(at last!) Investments in People Pay off in Better Performance", *Training and Develop- ment*, ASTD, Jan., 1998.

업원 비율 ④ 외부 교육기관에 대한 지출이 총 훈련 지출에서 차지하는
비율

(4) 훈련내용 전달방법(활용빈도 및 총 훈련시간대비 소요시간 비율)

① 비디오테이프 ② 수련장(workbook) ③ 사업관련 책자 ④ 오디오테이
프 ⑤ 컴퓨터를 통한 훈련 ⑥ CD-ROM ⑦ 화상회의(videoconferencing) ⑧
멀티미디어(multimedia) ⑨ 오디오회의(audioconferencing) ⑩ 비디오디스
크(videodiscs) ⑪ 인트라넷(intranet) ⑫ 인터넷(internet)

(5) 인적자원 성과향상 실무(활용빈도 및 비율)[85]

① 혁신적 훈련실무 ② 역량훈련 실무 ③ 고성과 작업실무 ④ 혁신적
보상실무 ⑤ 품질향상 실무 및 운동 ⑥ 도제훈련 실무

(6) 훈련성과 측정

① 전년대비, 타사대비 전반적 조직성과(종업원 1인당 판매고, 이윤의
변화, 장부가격 대비 시장가격비율의 변화) ② 제품 및 서비스의 질 ③
판매고 ④ 수익성 ⑤ 생산성 ⑥ 고객만족도 ⑦ 종업원 만족도 ⑧ 핵심인
력 유지능력

ASTD는 위와 같은 정보를 체계화함으로써 인력개발을 위해 보다 정통
한 의사결정을 할 수 있으며, 그 결과는 기업의 재무성과를 비롯한 기타
주요성과지표에 반영될 것이라고 한다. 현재는 기업의 교육훈련 투자에

---

85) 이러한 성과향상 실무는 연례 성과검토, 개인역량 문서화, 종업원의 주요 사
　　업정보 열람, 종업원 도제훈련, 종업원의 경영의사결정 참여, 집단본위 보상,
　　이익공유, 문제해결팀, 의무훈련시간제, 직무순환, TQM, 강사훈련과정 등 제
　　반 실무들을 구분하여 빈도, 비율을 산정하는 것이다(자료: 어수봉 외, 전게
　　서, p.110).

한정된 지표 및 비율 개발과 비교분석이 실시되고 있으나, 향후에는 기타 인적자원관리 활동들의 평가를 위한 지표 및 비율개발도 실시할 예정이다.

3. 결근 및 이직관리 활동

1) 결근·이직관리의 개념 및 중요성

이직(turnover)은 고용관계의 일시적 혹은 영구적 단절을 의미하며, 인력의 자연감소(attrition), 일시해고(layoff), 해고(discharge)를 포함한다.[86] 이직은 징계상의 이유와 경제적, 사업상의 이유 그리고 개인적인 이유로 인해 발생한다.

이와 같이 이직은 오직 자발적으로만 발생하는 것이 아니다. 이직의 유형은 자발적 이직과 비자발적 이직, 순기능적 이직과 역기능적 이직, 그리고 피할 수 있는 이직과 피할 수 없는 이직 등으로 분류할 수 있다.[87] 이러한 여러 가지 이직 유형 중에서 기업의 입장에서는 자발적이고 역기능적이며 회피 가능한 이직에 더 관심을 기울여야 한다. 이직은 구성원에게 경제적 그리고 심리적 충격을 줄 뿐만 아니라 기업에게도 전체구성원의 공정성 개념과 사기에 영향을 미침으로써 장기적인 기업성과에 많은 영향을 줄 수 있다.[88]

이직에 대한 연구는 불만족과 이직 간의 관계, 이직개념의 선행변수로

---

86) 박내회, 전게서, p.195.
87) Abelson, M. A., "Examination of Avoidable and Unavoidable Turnover", *Journal of Applied Psychology*, Vol.27, 1987, pp.383- 386.
88) Milkovich, G. T. & Boudreau, J. W., *Human Resource Management*, 6th ed., Irwin, 1991, pp.346-347.

74

서 직무몰입과 조직몰입에 대한 연구들, 그리고 연령이나 근속기간에 대한 연구 등 태도지향 중심적이거나 인구통계학적 특성 중심의 연구가 주를 이루어 왔으나, 1980년대 들어서 성과중심으로 넘어가는 특성을 보이고 있다.

그러나 이직과정에서 성과의 역할을 포함시킨 모델들은 성과와 이직 간의 관계방향을 분명하게 제시하지 못하고 있는 듯 하다. 성과를 직무만족과 연결시킨 연구들은 성과가 낮을수록 이직이 증가한다고 한다. 평균 이하의 성과평가를 받는 것은 근로자에게 일종의 스트레스요인이 되는데 스트레스를 받는 종업원들은 그렇지 않은 사람들에 비해 외부기회에 대한 정보탐색에 더 많이 참여하므로 저성과자의 이직률은 높다는 것이다.[89] 반면에 이동의 용이성에 주안점을 둔 연구들은 높은 성과를 이동의 용이성 증가로 보기 때문에, 성과는 이직과 정(正)의 관계가 있는 것으로 주장하고 있다. 즉, 고성과자는 저성과자에 비해 외부노동시장에서 고용될 가능성이 더 높기 때문에 도리어 이직할 가능성이 높다는 것이다.[90] 성과와 이직에 관한 55개의 연구들을 대상으로 meta-analysis를 시도한 Williams 등의 연구에서는 성과와 자발적 이직 간에는 U자형의 관계가 있으며, 성과와 보상의 연계정도는 성과와 이직 간의 부(負)의 관계를 조절하는 강력한 조절변수라는 결과가 제시되었다.[91] 김공수와 강희숙은 우리나라 기업들을 대상으로 한 최근의 연구에서 성과와 이직의도 간에는 부

---

89) Keller, R. T., The Role of performance and absenteeism in the prediction of turnover, *Academy of Management Journal*, Vol.27, 1984, pp.176-183.

90) Jackofsky, E. F., Turnover and Job Performance: An Integrated Process Model, *Academy of Management Review*, Vol.9, 1984, 74-83. : Martin, T. N., Price, J. L. & Mueller, C. W., Job Performance and Turnover, *Journal of Applied Psychology*, Vol.66, 1981, pp.116-119.

91) Williams, C. R. & Livingstone, L. P., Another Look at the Relationship between Performance and Voluntary Turnover, *Academy of Management Journal*, Vol.37, 1994, pp.269-298.

(負)의 관계가 있으며, 비성과급 보상체계하에서 보상을 받는 집단은 성과와 이직 간에 아무런 관계가 없으나, 성과급보상체계하에서 보상을 받는 집단은 상대적으로 부(負)의 관계가 높은 것으로 나타나 성과와 보상 간의 연계가 강할수록 성과와 이직 간에 부(負)의 관계가 강하다는 결과를 보여주고 있다.[92]

한편, 결근율도 이직과 같이 그 이유와 원인을 정확히 분석·파악하여 문제에 적절히 대처해야 한다. 결근의 이유로는 여러 가지가 있을 수 있고, 특히 병의 치료나 사고 또는 가정의 특별한 사정 등 불가피한 이유들이 많이 있다. 따라서 결근율에서 특히 주시해야 할 것은 습관적인 결근으로서, 이에 대한 원인분석과 결근자의 행동개선이 매우 중요하다.

연구결과에 의하면 결근은 주로 소수의 인원에 집중되는 경향이 있고, 특히 신입사원과 이직할 생각이 있는 구성원에 비교적 심하게 나타나며, 나이가 많은 구성원보다는 젊은 구성원이, 사무직보다는 생산근로자가, 기혼자보다는 미혼자가 그리고 서비스 업종에 종사하는 구성원보다는 공공기관이나 제조업에 종사하는 구성원에게서 높게 나타나는 경향이 있다. 그리고 결근율은 이직률과 밀접한 관계가 있고, 집단이나 조직체의 규모가 클수록 그리고 업무가 기계화되고 자율성과 책임감이 부여되어 있지 않은 직무에서 비교적 높은 경향을 보여진다.[93]

2) 측정지표

인적자원의 측정에서 이직관리를 위한 지표는 거의 모든 기업에서 볼 수 있다. 또한 이들 기업들은 이직관련 지표와 함께 결근에 관련된 지표

---

92) 김공수·강희숙, "성과와 이직의도 간의 관계에 대한 보상체계의 영향에 관한 연구", 「인사관리연구」, 한국인사관리학회, 1999. 12, 23(2), pp.157-187.
93) 이학종, 전게서, p.158.

들을 함께 사용하고 있는데, 그 이유는 양자가 모두 기업의 입장에서 볼 때 '비전투 손실'에 해당되기 때문이다.

Skandia사는 직원전체의 이직률과 상근장기근속 직원의 연간평균이직률을 인적초점 부분에 포함시켜 관리하고 있으며,[94] 서비스사업의 협의체인 Tjesteforbundet사는 스탭 이직률과 함께 1인당 질병에 의한 결근을 시간, 건수, 비용의 관점에서 측정하고 있다.[95] Telia사는 스탭 이직과 질병으로 인한 결근을 비용으로 환산하여 HR 손익계산서에 반영하고 있으며, ABB사도 인적자원계정에 스탭 이직비와 결근비를 반영하고 있다. SCAA사는 특이하게 질병으로 인한 결근과 산업재해로 인한 결근을 구분하여 이것들에 의해 발생되는 비용과 생산차질액 등을 측정하고 있으며, 작업상 발생되는 보건관리 비용도 인적자원계정 항목에 포함시켜 관리하고 있다. Saratoga연구소는 결근율, 비자발적 이직, 그리고 자발적 이직을 구분하여 이로 인해 나타나는 비용의 측정을 통해 '인적자원효과성 보고서'를 작성하고 있다.

4. 전문인력관리 활동

1) 전문인력관리의 개념 및 중요성

전문인력이란 회사의 핵심사업을 수행하기 위해 필요한 핵심역량을 발휘할 수 있는 인재로서, 핵심제품과 핵심부품을 설계·생산·판매하거나 핵심서비스를 제공하는데 반드시 필요한 창조성과 전문성을 갖춘 인재를 말한다.[96]

---

94) Edvinsson, L. & Malone, M. S., 황진우 역, 전게서, p.175.
95) 어수봉 외, 전게서, p.79.

일반적인 인적자원관리 활동으로 구분되지는 않으나 전문인력관리 활동에 있어서의 측정을 강조하는 이유는, 인적자원 측정 시스템을 가지고 있는 많은 선진기업에서 이에 관한 지표를 관리하고 있기 때문이다. 이는 전문적 지식을 필요로 하는 서비스 산업들, 예컨대 소프트웨어·의료·금융·통신·경영컨설팅 등의 산업이 경제에서 차지하는 비중이 급속히 높아지고 있는 시대적 분위기와 무관하지 않을 것이다. 또한 서비스산업뿐만 아니라 제조업에서도 전문인력에 의해 대규모의 가치가 창출되고 있음이 증명되고 있다.[97] 이에 따라 전문인력관리는 인적자원관리의 핵심적인 과제로 떠오르고 있다.

Sveiby는 〈그림 3-1〉에서 보는 바와 같이 지식조직은 전문인력(professional), 관리자(manager), 지원인력(support staff), 리더(leader)의 네 가지 구성원들로 이루어진다고 하면서, 처음부터 이들 특성에 맞게 관리가 실시되어야 함을 강조하고 있다.[98]

이중에서 그가 특히 강조하는 것은 전문인력인데, 전문가는 아주 독특한 새로운 지식을 창출할 수 있는 사람이기 때문에 조직 내에서 가장 소중한 사람이라는 것이다. 따라서 리더의 과제는 이들이 마음껏 활동할 수 있는 수익성 높은 활동무대를 만들어 주는 것이라고 한다.

---

96) 권대봉, "품목별 핵심인재와 기능별 핵심인재를 선발, 전략적으로 육성해야", 「인사관리」, 한국인사관리협회, 1997. 12, p.20.
97) Quinn, J. B. & Anderson, P., "Managing Professional Intellect: Making the most of the best", *Harvard Business Review*, March-April 1996.
98) Sveiby, K. E., 정선종·김용구 역, 전게서, pp.97-114.

〈그림 3-1〉 지식조직에서의 네 가지 인적구성

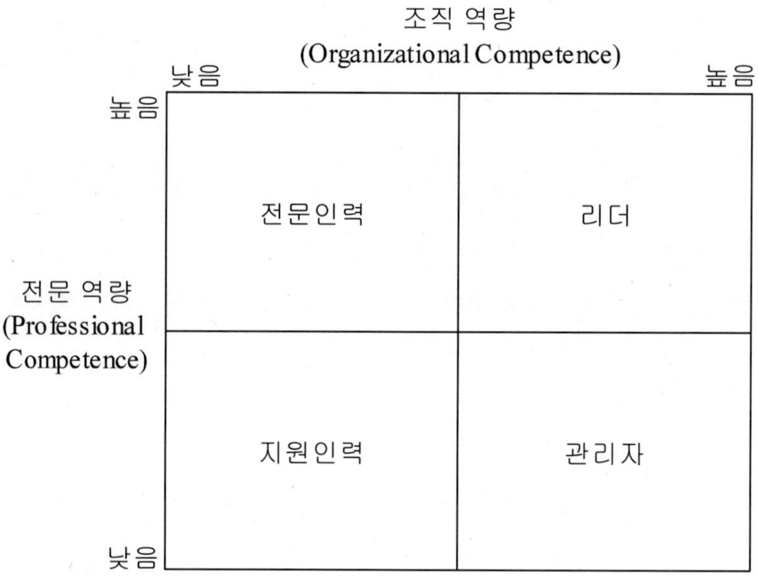

조직 역량
(Organizational Competence)

	낮음	높음
높음	전문인력	리더
낮음	지원인력	관리자

전문 역량
(Professional Competence)

또한 전문인력들은 수입 창출자들이므로, 관심의 초점을 그들이 사용하는 비용이 아니라 창출해내는 수입에 맞추어야 한다고 한다. 경영의 과제는 전문인력들이 창의성을 발휘하여 고객의 이익을 창출하도록 하는 것이며, 동시에 궁극적으로는 조직이 이들에게 완전히 의존하는 것을 탈피할 수 있어야 한다는 것이다.

한편, 김강식은 20:80의 법칙을 강조하면서, 핵심인력 관리가 조직의 인적자원관리에서 결정적으로 중요한 과제가 되어야 한다고 주장한다.[99] 즉, 어느 조직에서건 20%의 핵심인력이 나머지 80%를 먹여 살린다는 것인데, 반론이 있을 수 있겠지만 핵심인재가 조직의 성장·발전에 결정적인 역할을 수행한다는 주장에 대해서는 이론이 없을 것이라고 한다.

---

99) 김강식, "핵심인력관리는 인적자원관리의 핵심적인 과제이다", 「인사관리」, 한국인사관리협회, 1997. 12, p.35.

많은 학자들은 공통적으로 조직의 전문인력을 관리하는 데는 양적 측면의 관리와 질적 측면의 관리가 함께 필요함을 강조하고 있다. 여기서 양적 측면의 관리는 전문인력의 수를 어떻게 관리하느냐가 그 내용이 되며, 질적 측면의 관리는 전문인력이 조직의 성과에 기여할 수 있게끔 관리하는 것이 그 내용이 된다.

양적 측면의 관리를 위해서는 무엇보다 먼저 전문인력의 수를 늘리려는 노력을 하여야 한다. 이를 위해서는 전원정예화를 인적자원관리의 목표로 해야 하며, 우수인력의 확보 노력이 선행되어야 한다.[100]

한편 질적 측면의 관리를 위해서는 최소한 다음과 같은 세 가지 노력과 자세가 요망된다.

첫째, 누가 진정한 핵심인재인지를 찾아내야 한다. 이는 대개 인사기록, 인사고과, 부서장의 평가 등을 활용하여 찾아낼 수 있는데, 선진국에서는 평가기관(assessment center)을 활용하여 장래 회사를 이끌어나갈 핵심인재를 선발하는 경우가 많다. 스위스 PTT사에서는 입사 5, 6년차 중 평가기관을 통하여 회사의 미래를 이끌어 나갈 Top 100, 즉 100명의 핵심인재를 선발하여 이들을 별도 관리하고 있다.[101]

둘째는 전문인력의 능력개발이다. 이를 위해서는 초기개발을 집중적으로 강화하는 것이 중요하다.[102] 전문적인 노하우는 실제문제들의 복잡성에 대한 반복적인 노출을 통해 가장 빠르게 발전하기 때문이다.

셋째는 이들에 대한 사기관리이다. 조직은 이들에게 개인적 성장의 비전을 분명하게 제시하여야 하며, 차별적 보상을 통해서 이들에 대한 관심을 가시적으로 나타내야 한다.

---

100) 권대봉, 전게논문, p.23.
101) 김강식, 전게논문, p.35.
102) Quinn, J. B. & Anderson, P., op. cit., p.133.

2) 측정지표

스웨덴의 Celemi사의 경우 인적자원을 성장성, 효율성, 안정성으로 구분하여 관리하고 있는데, 성장성 지표에 전문인력의 해당분야 평균 근무년수·전문인력의 총근무년수가 포함되어 측정되고 있다. 효율성 지표에는 전문인력의 1인당 부가가치액이 포함되어 있으며, 안정성 지표에는 전문인력의 이직률·전문인력의 평균 근속년수가 포함되어 있다. 이 회사는 전문인력의 근무년수와 이직에 특히 관심이 많다는 것을 알 수 있다. 전문인력의 1인당 부가가치액은 많은 기업들이 채택하는 지표로서, 산출량의 가장 좋은 측정방법이다. 지식기업에서 전문인력의 1인당 부가가치는 가장 순수한 경제적 가치창출 능력으로 여겨질 수 있다.[103]

종업원 27,000명을 가진 세계적인 엔지니어링 업체인 ABB사는 인적자원 측정지표로는 특이하게 '핵심능력－제품 및 서비스－전문인력'을 연결하는 '능력 매트릭스(competence matrix)'관리 여부를 포함시키고 있다. 이는 자사의 핵심기술이나 역량을 적시한 후, 해당되는 제품 및 서비스를 연결시키고, 여기에 또 보유인력의 지식과 경험을 평가하여 개인별로 연결시키는 독특한 관리방법인데, 선진기업들은 이미 많이 채택하고 있는 인적자원관리 도구이다.[104]

5. 인적자원 측정지표의 종합

지금까지 주요 인적자원관리 활동들의 중요성과 그에 해당되는 측정지표들을 선진기업들과 전문연구기관 등에서 사용하고 있는 관리지표들을

---

103) Sveiby, K. E., 정선종·김용구 역, 전게서, p.279.
104) 포스코경영연구소, 전게서, pp.179-235.

통하여 알아보았다. 이들 인적자원 측정지표들을 중요성과 적용가능성의 관점에서 선택하여 인적자원관리 활동별로 구분·정리하면 〈표 3-1〉과 같다.105)

이들 지표들은 상대적으로 계량화가 용이한 비용(cost)관련 지표와 그렇지 않은 인적자원 총량(stock), 투자(investment) 또는 수익(returns)관련 지표가 혼재되어 있어 이들 간의 등가화(equivalentization)에는 못 미치고 있다. 이를 회계제도로 완성하기 위해서는 등가화의 문제가 관건이 되겠지만, 일단은 이러한 지표들의 중요성을 인식하고 인적자원관리 활동에서 지속적으로 적용하여 인적자원 정보를 도출해내는 노력이 중요할 것이다.

물론 산업 환경 및 기업의 특수성에 따라 인적자원 측정지표는 다소 달라질 수 있겠지만, 이들 지표들은 우리나라 기업들이 인적자원 지표관리 체계를 구축하는데 있어 좋은 참고자료가 될 수 있을 것이다.

---

105) 이 밖에 기타지표로서 부가가치에 대한 급여의 비율, 비용지출에 대한 급여의 비율, 회사비용에 대한 인사·교육부서의 지출비율, 총 종업원에 대한 인사·교육담당자의 비율, 종업원 1인당 인적자원관리 비용 등이 있는데, 이들은 인적자원관리 활동 전반에 해당된다고 보아 실증연구 시 '인적자원관리 활동의 인프라'로 구분하여 활용하였다.

〈표 3-1〉 인적자원 측정지표

구 분	측 정 지 표
모집·선발 활동	인당 신규채용 비용
	모집인원 중 실제 선발인원 비율
	선발인원 중 실제 취업인원 비율
	충원 소요기간
	직무수행 시작하는데 소요되는 시간
교육훈련 활동	매출액 중 총 교육훈련비 비율
	종업원 1인당 교육훈련 비용
	인건비 대비 총 훈련비용 지출 비율
	교육훈련에 참가한 종업원의 비율
	종업원 1인당 총 교육시간
	훈련과정별 비용 대비 효과
	OJT와 OFF-JT(사외교육) 실시 비율 및 효과
	훈련내용 전달방법의 종류 및 효과
결근 및 이직관리 활동	질병으로 인한 결근(시간, 건수, 비용)
	산업재해로 인한 결근(시간, 건수, 비용)
	작업상 보건관리 비용
	결근 및 이직으로 인한 생산 차질액
	이직 유형별 이직률
전문인력관리 활동	핵심능력-제품 및 서비스-전문인력을 연결하는 능력 매트릭스관리
	전문인력의 수 및 종업원 중에서의 비중
	전문인력의 평균 근속년수 및 이직률
	전문인력에 지출되는 cost 대비 benefit 비율

第3節 人的資源管理와 企業成果間의 關聯性

인적자원에 대한 정보를 체계화함으로써 인적자원관리를 위하여 보다 나은 의사결정을 할 수 있으며, 그 결과가 기업의 재무성과를 비롯한 기타 주요성과에 반영된다는 연구결과들을 살펴본다는 것은 중요한 의미를 가진다. 앞에서 살펴본 인적자원 가치측정을 위한 지표들의 지속적인 관리를 통한 효과적인 인적자원관리 활동이 결국 기업성과로 이어진다는 증거들이 밝혀질 때, 비로소 이러한 인적자원관리 활동의 필요성이 의미를 지니게 될 것이기 때문이다.

효과적인 인적자원관리와 기업성과의 관련성에 관한 연구는 1980년대까지는 개념적이고 기초적인 연구들이 주종을 이루었다. 이 시기는 효과적인 측정지표에 의한 실증적인 연구가 이루어지지 못함으로써, 양자의 관련성에 관한 연구에 있어 '유년기'로 불리운다.[106] 본격적인 실증분석을 통해 양자의 관련성이 입증되기 시작한 것은 1990년 이후로서, 효과적인 인적자원관리 활동들이 여러 가지 성과지표에 미치는 영향정도를 계량적으로 분석하고 있다.

주요 연구들을 살펴보면, 먼저 Gerhart & Milkovich는 219개 기업을 대상으로 보상정책과 총자본이익률(ROA: return on assets) 간의 관련성을 연구하였는데, 기본급 대비 보너스의 비율과 관리자에 대한 인센티브 비

---

106) Dyer, L., "Studying Human Resource Strategy: An Approach and an Agenda", *Industrial Relations*, Vol.23, 1984, p.167.

율이 각각 2배 증가할 때, 총자본이익률은 약 33% 증가하였음을 보여주고 있다.[107]

Terpstra & Rozell은 140개 기업을 대상으로 종업원 채용활동과 당기순이익·이익증가율·매출증가율의 관계를 비교하였는데, 효과적인 채용활동이 유의수준 p<0.05에서 당기순이익과 이익증가율에 영향을 미친다고 하였다.[108]

Huselid는 826개 기업을 대상으로 전반적인 인적자원관리 활동의 유효성이 수익률 및 Tobin의 q값(기업의 유형자산 대체원가에 대한 시장가치 비율)에 미치는 영향력을 분석하였는데, 11개 지표에 의해 측정된 평균값으로부터 1 표준편차 이상 떨어져 있는 기업들은 수익률에서 23%, Tobin의 q값에서 8% 더 높은 성과를 내고 있음을 밝혔다.[109]

또한, Welbourne & Andrews는 132개 신생기업들을 대상으로 인적자원가치와 성과급 비율에 따른 생존율 차이를 살펴보았는데, 인적자원가치와 성과급 비율의 평균값으로부터 1 표준편차 이상 떨어진 기업들은 5년 이상 생존율이 92%인 반면, 평균값으로부터 1 표준편차 이내에 있는 기업들은 34%로 현저히 차이가 나고 있음을 발견하였다.[110]

Delery & Doty는 자산이 2천5백만 달러 이상인 192개 은행들을 대상으

---

107) Gerhart, B. & Milkovich, G. T., "Organizational Differences in Managerial Compensation and Financial Performance", *Academy of Management Journal*, Vol.33, 1990, pp.663-691.

108) Terpstra, D. E. & Rozell, E. J., "The Relationship of Staffing Practices to Organizational Level Measures of Performance", *Personnel Psychology*, Vol.46, 1993, pp.27-48.

109) Huselid, M. A., "The Impact of Human Resource Management Practices on Turnover, Productivity and Corporate Financial Performance", *Academy of Management Journal*, Vol.38, 1995, pp.635-672.

110) Welbourne, T. M. & Andrews, A. O., "Predicting the Performance of Initial Public Offerings: Should Human Resource Management be in the Equation?", *Academy of Management Journal*, Vol.39, 1996, pp.891-919.

로 성과급에 의한 보상이 총자본이익률 및 자기자본이익률(ROE: return on equity)에 미치는 영향을 연구하였는데, 성과급 비율의 평균값으로부터 1 표준편차 이상 떨어져 있는 기업들이 총자본이익률 및 자기자본이익률 모두에서 23% 더 높은 성과를 내고 있다고 하였다.[111]

Huselid et al.은 293개 기업을 대상으로 전반적인 인적자원관리 활동의 효과성이 인당매출액과 총자본이익률 그리고 Tobin의 q값에 미치는 영향을 분석하였는데, 평균값보다 1 표준편차 이상 떨어진 기업들은 인당매출액에서 5.2%, 총자본이익률은 16.3%, Tobin의 q값은 6% 더 높은 성과를 나타내고 있다고 주장하였다.[112]

Bassi & McMurrer는 교육훈련에 많은 투자를 한 기업들이 다른 기업들에 비해 높은 인당매출액과 이익을 기록하였으며, 기업의 장부가격 대비 시장가격도 높다는 연구결과를 발표하였다.[113] 예를 들어 1972년부터 1992년 사이에 열악한 시장 환경에도 불구하고 높은 매출성장률을 기록한 5대 주식회사 즉, 플레넘 출판사(15,689%), 서킷 시티(16,410%), 타이슨 푸드(18,118%), 월마트(19,807 %), 사우스 웨스트 항공사(21,775%)는 공통적으로 그들의 경쟁우위를 유지하기 위해서 기술, 특허 혹은 전략적 지위뿐만 아니라 교육훈련에도 의존하고 있었으며, 이러한 인적자원에 대한 꾸준한 투자가 개인과 조직의 실행력을 향상시킴으로써 결국 부가가치 창출의 주요 요인으로 부상하게 되었음을 보여주었다.

---

111) Delery, J. E. & Doty, H. D., "Modes of Theorizing in Strategic Human Resource Management: Tests of Universalistic, Contingency and Configurational Perfor- mance Prediction", *Academy of Management Journal*, Vol.39, 1996, pp.802-835.
112) Huselid, M. A., Jackson, S. E. & Schuler, R. S., "Technical and Strategic Human Resource Management Effectiveness as Determinants of Firm Performance", *Academy of Mana- gement Journal*, Vol.40, 1997, pp.171-188.
113) Bassi, L. & McMurrer, D. P., "Training Investment Can Mean Financial Performance", *Training and Development*, May, 1998.

이상에서 살펴본 바와 같이 연구결과들은 지속적이고도 일관되게 인적자원관리 활동과 기업성과 간의 관련성을 보여주고 있다. 이는 기업 내에 존재하는 인적자원관리 활동의 다양성과 연구의 접근방법의 다양성을 고려할 때 매우 의미 있는 결과로서, 양자의 관련성에 대한 증거들은 상당히 축적되고 있다고 할 수 있을 것이다. 이에 따라 우리 기업들도 평소의 지속적인 관심과 계량화를 위한 노력을 통해 효과적인 인적자원관리를 해 나가면 성과는 자연히 향상된다는 믿음을 가지는 자세가 필요하리라고 생각된다.

第4章 研究의 設計

第1節 研究模型 및 假說의 設定

1. 연구모형의 설계

본 연구는 인적자원 가치에 대한 인식 −인적자원 측정의 중요성 인식−
인적자원 측정을 위한 지표관리 간에 상관관계가 존재하는지, 영향을 미
친다면 그 정도는 어느 정도인지, 그리고 이들 세 가지 변수들이 산업에
따라 차이를 보일 것인지를 알아보는 것이 목적이다. 따라서 〈그림 4-1〉
과 같이 연구모형을 설계하였다.

산업은 제조업과 서비스업으로 크게 구분하되, 제조업은 다시 장치산업
과 조립산업으로, 서비스업은 하이테크 서비스산업과 생활관련 서비스산
업으로 구분하였다. 인적자원의 가치에 대한 인식은 채용 시와 채용 후로
구분하였으며, 인적자원측정의 중요성 인식은 인적자산과 기업이윤의 상
관성에 대한 인식·경영 및 투자에 대한 의사결정 시의 인적자산 고려 정
도·HRA에 대한 인지도 및 도입의지로 구성하였다. 인적자원 측정을 위
한 지표관리는 인적자원관리 활동의 인프라·모집 및 선발 활동·교육훈
련 활동·결근 및 이직관리 활동·전문인력관리 활동으로 구분하였다.

선진국에서의 활발한 연구와는 달리, 아직까지 우리나라에서의 연구가
개념적 내지는 실태조사 성격을 띠고 있는 것을 감안할 때, 본 연구의 차
별성은 기존의 연구들에서 한 걸음 더 나가 산업별로 표본조사를 실시하
여 분석을 실시하였다는 것과 실제 인적자원관리 활동에서 인적자원 측정

지표를 얼마나 잘 활용하는지를 살펴보았다는 점이 될 수 있을 것이다.

〈그림 4-1〉 연구모형

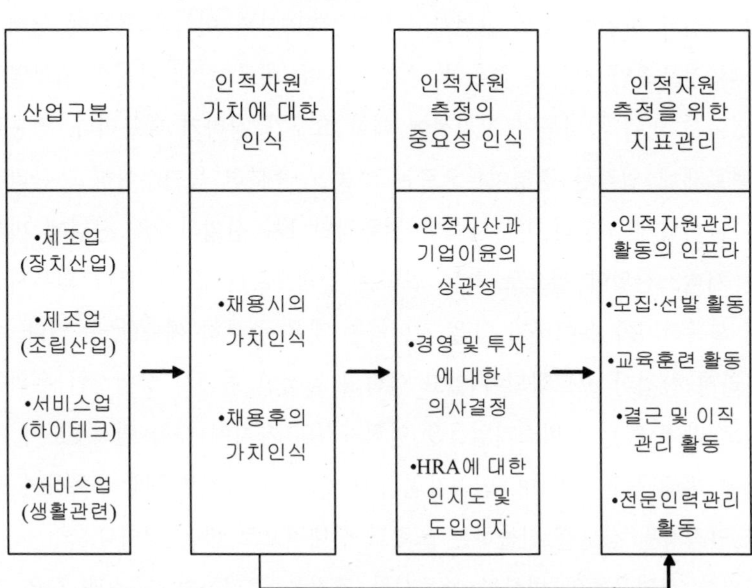

2. 연구가설의 설정

1) 산업구분에 따른 타 변수들과의 관계

지식경제시대로의 이행에 따라 산업의 구조는 급속하게 변해가고 있다. 가장 두드러진 특징은 서비스업의 증가라고 할 수 있는데, Sveiby의 지적대로 서비스 기업들은 산업화된 국가에서 총고용의 65%에서 75%를 차지하고 있으며, 우리나라의 경우에도 서비스업의 비중이 이미 70%를 넘어섰다.[114]

이러한 변화는 비육체적이며 정신적인 두뇌노동자들이 경영활동의 중심을 이룬다는 것을 의미한다. 이에 따라 선진기업들은 첨단산업분야를 주도해 가는 전문, 관리직 근로자들을 어떻게 동기부여하고 효과적으로 관리할 것인가 하는 문제로 고민하고 있다. 왜냐하면 이들은 업무에 있어서 더욱더 전문적인 지식을 갖추어 가고 있으며, 이로 인해 자신의 업무영역에 있어서 권위와 더불어 자치성에 대한 요구가 강하기 때문이다. 전통적인 관료제에 입각한 경영이론으로는 이들을 충분히 동기부여하고 관리해 나가기 어렵게 되었다.[115] 더욱이 전통적인 1차 산업과 2차 산업에 비해 이들 서비스산업이 필요로 하는 인력은 양적으로나 질적으로나 외부시장에서 획득하기가 용이하지 않을 것이라는 것은 충분히 예측할 수 있다.

따라서 산업이 고도화되어 있고 인력의 질적인 면에서 상대적인 우위를 보일 수밖에 없는 서비스기업들은 인적자원의 가치에 대한 인식정도가 제조업에 비해 높을 것이며, 인적자원의 가치와 그 증감변동에 주목하여 필요한 인적자원 정보를 산출하는 노력도 상대적으로 많을 것이다.

이러한 산업구조의 변화와 노동시장 조건을 고려하여, 다음과 같은 가설을 설정하였다.

가설 1. 산업에 따라 인적자원 가치에 대한 인식정도에는 차이가 있을 것이다.

가설 2. 산업에 따라 인적자원 측정에 대한 중요성 인식정도에는 차이가 있을 것이다.

가설 3. 산업에 따라 인적자원 측정을 위한 지표관리 정도에는 차이가 있을 것이다.

---

114) Sveiby, K. E., 정선종 · 김용구 역, 전게서, p.250.
115) 한국생산성본부, 「우리기업의 전문인력양성방안」(서울 : 한국생산성본부, 1991), p.34.

2) 인적자원 가치에 대한 인식과 인적자원측정의 중요성 인식 간의 관계

많은 예산과 시간의 투자를 통해 필요인력을 채용하고 관리해간다는 것은 그만큼 해당인력의 시장가치가 높다는 것이며, 잘못된 채용의 경우 회사에 미치는 영향도가 상대적으로 크다는 의미로 해석할 수 있다. 따라서 기업은 교육훈련을 통해 해당인력의 역량을 더욱 강화하려 할 뿐만 아니라 합리적인 보상 시스템을 통하여 노력과 가치창출 부분에 대한 적절한 보상을 시도하려 할 것이다. 김공수 등은 우리나라 기업들을 대상으로 한 최근의 연구에서, 성과와 보상 간의 연계가 강할수록 성과와 이직 간에 부(負)적 관계가 강하다는 결과를 보여주고 있다.[116]

그러나 보상은 평가를 전제로 하는 것이기 때문에 여기에서 측정의 중요성이 부각된다. Kaplan & Norton은 "만약 당신이 어떤 것을 측정할 수 없다면, 그것을 관리할 수도 없을 것이다."라고 하면서 측정(measurement)의 중요성을 강조한바 있다.[117]

이러한 점을 고려할 때, 인적자원 가치에 대한 인식정도가 높을수록 인적자원 측정에 대한 중요성 인식도 높아질 것으로 판단되어 다음과 같은 가설을 설정하였다.

가설 4. 인적자원 가치에 대한 인식정도는 인적자원 측정의 중요성 인식에 영향을 미칠 것이다.

　4-1. 인적자원 가치에 대한 인식정도는 인적자산과 기업이윤과의 상관성에 대한 인식에 영향을 미칠 것이다.

　4-2. 인적자원 가치에 대한 인식정도는 경영 및 투자에 대한 의사결

---

116) 김공수 · 강희숙, 전게논문, p.183.
117) Kaplan, R. S. & Norton, D. P., op. cit., p.21.

정에 영향을 미칠 것이다.

4-3. 인적자원의 가치에 대한 인식정도는 HRA에 대한 인지도 및 도입의지에 영향을 미칠 것이다.

3) 인적자원 가치에 대한 인식·인적자원 측정의 중요성 인식과 인적자원 지표관리 간의 관계

앞서 인적자원의 측정이란 "인적자원의 가치와 그 증감변동에 대한 현상적인 여러 자료를 이용하여 필요한 인적자원 정보를 산출하는 행위"를 의미한다는 것과 인적자원관리는 "인적자원을 확보·개발·활용·평가·보상·유지하는 데 관련된 계획적인 의사결정 및 관행의 체계로서, 조직의 목표달성에 기여하는 과정"으로 정의되고 있음을 살펴보았는데, 이러한 정의를 통해서 우리는 인적자원 측정을 통해 얻어진 정보가 인적자원관리 활동에 적용될 때, 보다 효과적으로 조직의 목표를 달성할 수 있으리라는 것을 알 수 있다. 다시 말해서 인적자원관리 활동에서 인적자원 측정을 위한 지표관리는 필수적이라는 것이다. 따라서 인적자원 측정의 중요성 인식이 단지 인식으로 끝나는 것이 아니라, 인적자원관리 활동에서 지표관리 활동으로 이어지고 있는지를 검증해보는 것은 의미 있는 분석이라 할 수 있을 것이다.

한편, 인적자원 가치에 대한 인식도 인적자원관리 활동에 영향을 미칠 것이라고 예상해볼 수 있다. 즉, 보유 인적자원에 대한 가치를 높게 평가할수록, 인적자원의 가치변화에 더욱 관심을 갖고 이직률을 감소시키기 위해 합리적이고 과학적인 측정 시스템을 운영하리라는 것이다.

따라서 본 설문에는 두 가지의 인식정도 중 어느 것이 더 인적자원관리 활동에서의 지표관리에 영향을 미칠 것인지를 비교해보려는 의도가 담겨 있다.

이러한 배경하에서 다음과 같은 가설을 설정하였다.

가설 5. 인적자원 가치에 대한 인식정도와 인적자원 측정의 중요성 인
　　　　식정도는 인적자원 지표관리에 영향을 미칠 것이다.
　5-1. 인적자원 가치에 대한 인식정도는 인적자원관리 활동의 인프라
　　　　에 관련된 지표관리에 영향을 미칠 것이다.
　5-2. 인적자원 가치에 대한 인식정도는 모집 및 선발 활동에 관련된
　　　　지표관리에 영향을 미칠 것이다.
　5-3. 인적자원 가치에 대한 인식정도는 교육훈련 활동에 관련된 지표
　　　　관리에 영향을 미칠 것이다.
　5-4. 인적자원 가치에 대한 인식정도는 결근 및 이직관리 활동에 관
　　　　련된 지표관리에 영향을 미칠 것이다.
　5-5. 인적자원 가치에 대한 인식정도는 전문인력관리 활동에 관련된
　　　　지표관리에 영향을 미칠 것이다.
　5-6. 인적자원 측정의 중요성 인식정도는 인적자원관리 활동의 인프
　　　　라에 관련된 지표관리에 영향을 미칠 것이다.
　5-7. 인적자원 측정의 중요성 인식정도는 모집 및 선발 활동에 관련
　　　　된 지표관리에 영향을 미칠 것이다.
　5-8. 인적자원 측정의 중요성 인식정도는 교육훈련 활동에 관련된 지
　　　　표관리에 영향을 미칠 것이다.
　5-9. 인적자원 측정의 중요성 인식정도는 결근 및 이직관리 활동에
　　　　관련된 지표관리에 영향을 미칠 것이다.
　5-10. 인적자원 측정의 중요성 인식정도는 전문인력관리 활동에 관련
　　　　된 지표관리에 영향을 미칠 것이다.

第2節 變數의 操作的 定義

1. 산업의 구분

산업의 구분은 일본의 NTT미래예측연구원의 신 산업분류 기준을 이용하여 네 부문으로 구분하였다(〈표 4-1〉 참조).[118] 이는 서비스업이 급속히 확대되는 시대적 변화를 감안하여, 통상 하나의 산업으로 분류되던 서비스업을 특성에 따라 정보통신과 금융 산업으로 대표되는 네트워크 부문과 레저, 관광, 호텔, 문화산업을 포함하는 지식·서비스 생산부문의 두 부문으로 나누고 있는 것이 가장 큰 특징으로서, 본 연구의 목적에 보다 부합한다고 판단하였기 때문이다.

이 책에서는 전자를 '하이테크 서비스산업'으로, 후자를 '생활관련 서비스산업'으로 이름 하였다.

〈표 4-1〉 산업 구분

구 분	내 용
제조업(장치산업)	철강, 화학, 식품, 제지, 섬유 등
제조업(조립산업)	자동차, 전자, 기계, 악기 등
서비스업(하이테크 서비스산업)	정보통신, 금융 등
서비스업(생활관련 서비스산업)	관광, 레저, 호텔, 문화, 유통 등

118) NTT미래예측연구원, 「2005년 사회와 정보통신 − 인간성의 실현을 위하여」 (서울: NTT미래예측연구회, 1991).

2. 인적자원 가치에 대한 인식

기업이 인식하는 인적자원 가치는 채용 시의 가치인식과 채용 후의 가치인식으로 크게 두 부문으로 나누어 구성하였다. 채용 시의 가치인식의 측정요소로는 채용 대상인력의 보유능력(endowed value), 채용 대상인력의 시장가치 및 공인된 자격증 소지여부가 포함되었으며, 채용 후 가치인식의 측정요소로는 인적자원이 회사에 미치는 위험도, 교육훈련을 통한 능력개발의 중요성, 인적자원의 기업가치에의 반영여부, 인력의 현재가치를 반영한 보상여부 등이 포함되었다.

3. 인적자원 측정의 중요성인식

인적자원 측정에 관한 연구에는 크게 두 개의 조류가 있어[119] 이에 대한 정리가 필요하다. 그 첫째는 'HRCA학파'라고 불리는 그룹으로서, 이들은 무형자산 중 인적자원에만 초점을 두고 있다. 둘째는 'BSC학파'라고 불리는 그룹으로서, 이들은 '무형자산'이라는 회계학적 용어 대신 '지적자본'이라는 용어를 사용하며, 인적자본뿐만 아니라 기타 재무자본·구조적자본·고객자본 모두에 관심을 가진다. 따라서 연구범위의 문제가 생겨나는 바, 본 연구에서는 지적자본의 개념 중 인적자본의 개념만 채택하여 양자 간의 범위상의 충돌을 피하였다.

측정요소로는 1999년 노동부의 의뢰에 의해 노동연구원에서 우리나라 236개 기업을 대상으로 실시한 지적자산관리 실태조사 항목 중, 인적자산

---

119) 어수봉 외, 전게서, p.118.

관련 조사항목만을 채택하였다. 이는 나머지 조사항목은 기타 지적자산의 관리현황을 살펴보는 것으로 본 연구의 목적에 부합하지 않았기 때문이다.

이에 따라 인적자산과 기업이윤의 상관성에 대한 인식, 경영 및 투자에 대한 의사결정 시의 인적자산 고려 정도, HRA에 대한 인지도 및 도입의지로 나누어 각각의 측정요소를 추출하였다.

4. 인적자원 측정을 위한 지표관리

이 부분은 인적자원관리 활동에서의 인적자원 측정지표의 관리실태를 측정하고자 하였다. 이에 대한 일반화된 연구모델이 없기 때문에 선진 기업들이 채택하고 있거나 공신력 있는 인적자원관리 연구기관에서 권장하고 있는 지표들로 구성하였다. 이론적 연구와 사례연구를 통해 이들이 사용하는 지표를 종합한 후, 인적자원관리 활동별로 지표들을 배분하여 각 활동별 평가지표를 추출하였다(〈표 3-1〉 참조).

인적자원관리 활동은 인프라, 모집 및 선발 활동, 교육훈련 활동, 결근 및 이직관리 활동, 그리고 전문인력관리 활동 등 5가지로 구분하였다. 여기에서 인적자원관리 활동의 인프라란 부가가치에 대한 급여의 비율, 비용지출에 대한 급여의 비율, 회사비용에 대한 인사·교육부서의 지출비율, 총 종업원에 대한 인사·교육담당자의 비율, 종업원 1인당 인적자원관리 비용 등으로서, 이들은 인적자원관리 활동 전반에 해당된다고 보아 별도로 구분하였다.

第3節 研究方法

1. 표본추출과 자료수집

본 연구를 위한 표본 설정에 있어서는 매출액 500억 원 이상인 기업들을 산업별로 구분하여 각 산업에 속한 기업들 중 50개씩(총 200개 기업)을 무작위로 추출하여 설문지를 배포하였다. 설문의 대상은 기업의 인사담당 부서(팀)장으로 하였으며, 112부가 회수되어 회수율은 56%였다. 본 조사는 2000년 2월 21일부터 3월 10일까지 3주 동안 이루어졌으며, 방문을 통한 면접조사와 FAX를 통한 조사를 병행하였다. 설문지가 수거된 후 검증과정에서 불완전하게 작성된 설문지에 대해서는 전화를 통해 설문항목을 재차 검토하는 과정을 거쳤다.

본 연구의 산업 구분은 앞에서 밝힌바와 같이 장치산업으로서의 제조업, 조립산업으로서의 제조업과 하이테크 서비스업, 생활관련 서비스업으로 구분하였으며, 다음 〈표 4-2〉와 같이 표본을 추출하였다.

〈표 4-2〉 표본의 추출

구 분	내 용	표본수
제조업(장치산업)	철강, 화학, 식품, 제지, 섬유 등	32
제조업(조립산업)	자동차, 전자, 기계, 악기 등	30
서비스업(하이테크 서비스산업)	정보통신, 금융 등	24
서비스업(생활관련 서비스산업)	관광, 레저, 호텔, 문화, 유통 등	26

2. 설문지 구성

설문지는 한국노동연구원의 "지적자산 관리에 관한 실태조사분석"과 Saratoga연구소 및 ASTD의 인적자원관리지표 그리고 선진기업들이 적용하고 있는 인적자원 측정지표 등을 참조하여 작성하였으며, 다음 〈표 4-3〉과 같이 구성하였다.

〈표 4-3〉 설문지 구성

구 분		문항수	비 고
인적자원 가치에 대한 인식		7	한국노동연구원
인적자원측정의 중요성 인식	인적자산과 기업이윤의 상관성에 대한 인식	5	한국노동연구원
	경영 및 투자에 대한 의사결정	2	
	HRA에 대한 인지도 및 도입의지	4	
인적자원 측정을 위한 지표관리	인적자원관리 활동의 인프라	5	Saratoga연구소 및 ASTD인적자원관리지표, 선진기업 사례
	모집 및 선발 활동	5	
	교육훈련 활동	8	
	결근 및 이직관리 활동	5	
	전문인력관리 활동	4	

3. 자료의 분석방법

회수된 설문지에 대한 분석은 SPSSWIN8.0 통계패키지를 사용하여 분석하였다. 먼저 회수된 설문지의 타당성 검증을 위하여 요인분석을 실시하였고, 각 요인별 신뢰성을 다시 검증하였다. 신뢰성을 검증하기 위해 일반적으로 사용되는 신뢰성계수(cronbach's alpha)를 사용하였다.

요인분석(factor analysis)은 일련의 관측된 변수에 근거하여 직접 관측할 수 없는 요인을 확인하기 위한 것이다. 예를 들어, 지역사회를 기술하기 위해서는 지역의 산업화의 정도, 경제활동, 이동성, 가계수입, 주택보유율, 출생률 등 수 많은 변수를 사용하여야 한다. 그러나 이러한 변수들의 바탕이 되는 몇 가지의 차원 혹은 요인을 확인할 수 있다면 지역사회의 기술이 훨씬 더 단순해질 것이다. 이와 같이 요인분석은 수많은 변수들을 적은 수의 몇 가지 요인으로 묶어줌으로써 내용을 단순화하는 것이 그 목적이다.

신뢰성에 대한 기존의 연구들을 살펴보면, Nunnally(1978)는 탐색적인 연구 분야에서는 cronbach's alpha값이 .60 이상이면 충분하고, 기초연구 분야에서는 .80, 그리고 중요한 결정이 요구되는 응용연구 분야에서는 .90 이상이어야 한다고 주장하였다.[120] Van de Ven & Ferry(1980)도 조직 단위의 분석 수준에서 일반적으로 요구되어지는 cronbach's alpha값은 .60 이상이면 측정 도구의 신뢰성에는 별 문제가 없다고 하였으며,[121] 이와 같은 연구가 뒷받침되어 신뢰성 검증에서는 일반적으로 cronbach's alpha값이 .60을 넘으면 신뢰성이 있는 것으로 보고 있다.[122]

한편, 본 연구는 먼저 조사대상자의 일반적 사항을 알기 위해 빈도·평균·비율(%)을 산출하였으며, 가설 1·2·3의 검증을 위하여 ANOVA 분석을 실시하여 집단 간의 차이를 살펴보았고, 가설 4와 가설 5에서의 영향력 검증을 위해서는 회귀분석을 실시하였다.

---

120) Nunnally, J. C. *Psychometric Theory*, 2ed ed., New York, McGraw-Hill, 1978.
121) Van de Ven, A. H. & Ferry, D. L. *Measuring and Assessing Organization*, Wiely-Interscience, New York, 1980.
122) 정충영·최이규, 「SPSSWIN을 이용한 통계분석」(서울: 무역경영사, 1996) pp.198-209.

4. 타당성 검증

먼저, '인적자원 가치에 대한 인식'에 대하여 요인분석을 통해 검증해 본 결과는 〈표 4-4〉와 같다.

두 번째 문항이 제거되었으며 2개의 요인이 도출되었는데, 각각의 요인을 채용 시의 가치인식, 채용 후의 가치인식이라고 명명하였다.

〈표 4-4〉 인적자원 가치에 대한 인식 요인분석

구 분		요인1	요인2	고유치 (eigen)	% of Variance	Cumulative %
채용 시의 가치인식	3. 인력채용이나 교육훈련에 있어 공인된 자격증의 소지여부가 중요한 기준이 된다.		.700	1.393	19.902	43.498
	1. 우리 회사가 필요로 하는 인력의 endowed value는 타 업종에 비해 높다.		.532			
채용 후의 가치인식	7. 종업원에 대한 보상 시 해당 인력의 현재가치를 평가하여 반영하고 있다고 생각한다.	.679		1.652	23.596	23.596
	5. 우리 회사에서 교육훈련을 통한 개인능력의 개발은 타 업종에 비해 중요하다.	.615				
	6. 우리 회사의 기업가치(주가)에는 인적자원의 가치 부분이 반영되어 있다고 생각한다.	.614				
	4. 잘못된 채용의 경우 회사에 미치는 위험도가 타 업종에 비해 크다.	.564				

다음으로 '인적자원 측정의 중요성 인식'에 대하여 요인분석을 통해 검증해 본 결과는 〈표 4-5〉와 같다. 다섯 번째 문항과 열 번째 문항이 제거되었으며, 3개의 요인이 도출되었다. 각 요인은 경영 및 투자에 대한 의사

결정, HRA에 대한 인지도 및 도입의지, 인적자산과 기업이윤과의 상관성이라고 명명하였다.

다음으로 '인적자원 측정을 위한 지표관리'에 대하여 요인분석을 통해 검증해 본 결과는 〈표 4-6〉과 같다. 5개의 요인이 도출되었으며 각 요인을 교육훈련 활동, 결근 및 이직관리 활동, 인적자원관리 활동의 인프라, 전문인력관리 활동, 모집 및 선발 활동으로 명명하였다.

〈표 4-5〉 인적자원 측정의 중요성 인식 요인분석

구 분		요인1	요인2	요인3	고유치 (eigen)	% of Variance	Cumulative %
경영 및 투자에 대한 의사결정	6. 전문인력이 많을수록 경영상의 의사결정은 용이해진다.	.604			1.960	19.603	19.603
	7. 투자의 성공여부는 인적자원의 질에 영향을 받아왔다.	.505					
HRA에 대한 인지도 및 도입의지	9. 경영자는 HRA를 통상의 회계제도 내에 도입하는 것이 바람직하다고 생각하고 있다.		.861		1.862	18.617	38.220
	8. 경영자는 HRA에 대해 잘 알고 있다.		.825				
인적자산과 기업이윤의 상관성	1. 전문인력의 관리현황이 주총에서 주요안건으로 보고 되어야 한다.			.755	1.731	17.314	55.534
	2. 금융기관에서 대출 받는 경우 인적자산 수준이 고려되어야 한다.			.629			
	4. 인적자원의 가치를 측정하고 관리하는 것이 기업의 경영에 중요하다고 생각한다.			.734			
	3. 전문인력수와 기업 경상이익과는 관련성이 있다고 생각한다.			.615			

〈표 4-6〉 인적자원 측정을 위한 지표관리 요인분석

구　분		요인1	요인2	요인3	요인4	요인5	고유치 (eigen)	% of Variance	Cumulative %
교육 훈련 활동	14. 교육훈련에 참 　가한 종업원의 　비율	.805							
	12. 종업원 1인당 　교육훈련 비용	.662							
	17. OJT와 OFF- 　JT(사외교육) 　실시 비율 및 　효과	.662							
	18. 훈련내용 전달 　방법의 종류 　및 효과	.658					3.257	12.062	12.062
	13. 인건비 대비 총 　훈련비용 지출 　비율	.657							
	16. 훈련과정별 비 　용 대비 효과	.577							
	11. 매출액 중 총 　교육훈련비 　비율	.521							
	15. 종업원 1인당 　총 교육시간	.502							
결근 및 이직 관리 활동	20. 산업재해로 인 　한 결근(시간, 　건수, 비용)		.792						
	19. 질병으로 인한 　결근(시간, 건 　수, 비용)		.756						
	22. 결근 및 이직 　으로 인한 생 　산 차질액		.749				3.011	11.153	23.215
	21. 작업상 보건관 　리 비용		.717						
	23. 이직　유형별 　이직률		.440						

구 분		요인1	요인2	요인3	요인4	요인5	고유치 (eigen)	% of Variance	Cumulative %
인적 자원 관리 활동의 인프라	2. 비용지출에 대한 급여의 비율			.762			2.720	10.073	33.288
	1. 부가가치에 대한 급여의 비율			.666					
	3. 회사비용에 대한 인사·교육부서의 지출비율			.610					
	4. 총 종업원에 대한 인사·교육 담당자 비율			.509					
	5. 종업원 1인당 인적자원관리 비용			.502					
전문 인력 관리 활동	25. 전문인력의 수 및 종업원 중에서의 비중				.630		2.468	9.140	42.429
	27. 전문인력에 지출되는 cost 대비 benefit비율				.532				
	26. 전문인력의 평균 근속년수 및 이직률				.517				
	24. 핵심능력-제품 및 서비스 -전문인력을 연결하는 능력 매트릭스 (Competence Matrix)관리				.475				
모집 및 선발 활동	7. 모집인원 중 실제 선발인원 비율					.730	2.394	8.866	51.294
	8. 선발인원 중 실제 취업인원 비율					.709			
	10. 직무수행 시작하는데 소요되는 시간					.689			
	9. 충원 소요기간					.443			
	6. 인당 신규채용 비용					.392			

5. 신뢰성 검증

신뢰성이란 안정성, 일관성, 예측가능성 등과 관련이 있는 개념으로서, 비교 가능한 독립된 측정방법에 의해 대상을 측정하는 경우 결과가 비슷하게 나타나야 하는 것을 의미한다.[123]

본 연구에 이용된 측정도구의 신뢰성을 cronbach's alpha계수를 이용하여 검증한 결과는 〈표 4-7〉과 같다.

앞의 요인분석 결과 제거된 문항은 신뢰도 검증 결과에서도 제거되었으며, 마찬가지로 본 연구결과에서 통계분석에 이용되지 않았다.

검증결과 alpha값을 보면, 채용 전의 가치인식 .6553, 채용 후의 가치인식 .7182, 인적자산과 기업이윤의 상관성에 대한 인식 .6616, 경영 및 투자에 대한 의사결정 .6309, HRA에 대한 인지도 및 도입의지 .7896, 인적자원관리 활동의 인프라 .6644, 모집 및 선발 활동 .6602, 교육훈련 활동 .7217, 결근 및 이직관리 활동 .7773, 전문인력관리 활동 .6075로 나타났다.

측정도구가 신뢰성을 인정받기 위한 절대적 기준은 없으나, 분석단위가 조직수준인 경우에는 cronbach's alpha계수가 0.6 이상이면 적당한 수준으로 인정된다.[124] 따라서 본 연구에서 사용한 측정도구의 alpha값이 모두 .60보다 높게 나타나 신뢰성은 확보되었음을 알 수 있다.

---

123) 채서일·김범종·이성근, 「SPSS/PC+를 이용한 통계분석」(서울: 학현사, 1996), p.67.
124) 정충영·최이규, 전게서, pp.205-209.

〈표 4-7〉 신뢰도 분석

요 인	문 항	제외 후 알파값	Cronbach's α 값
채용 시의 가치인식	1. 우리 회사가 필요로 하는 인력의 endowed value는 타 업종에 비해 높다.	.6032	.6553
	3. 인력채용이나 교육훈련에 있어 공인된 자격증의 소지여부가 중요한 기준이 된다.	.6666	
채용 후의 가치인식	4. 잘못된 채용의 경우 회사에 미치는 위험도가 타 업종에 비해 크다.	.6115	.7182
	5. 우리 회사에서 교육훈련을 통한 개인능력의 개발은 타 업종에 비해 중요하다.	.6753	
	6. 우리 회사의 기업가치(주가)에는 인적자원의 가치 부분이 반영되어 있다고 생각한다.	.6865	
	7. 종업원에 대한 보상 시 해당 인력의 현재가치를 평가하여 반영하고 있다고 생각한다.	.6815	
인적자산과 기업이윤의 상관성	1. 전문인력의 관리현황이 주총에서 주요안건으로 보고 되어야 한다.	.6001	.6616
	2. 금융기관에서 대출 받는 경우 인적자산 수준이 고려되어야 한다.	.5794	
	3. 전문인력수와 기업 경상이익과는 관련성이 있다고 생각한다.	.5394	
	4. 인적자원의 가치를 측정하고 관리하는 것이 기업의 경영에 중요하다고 생각한다.	.6129	
경영 및 투자에 대한 의사결정	6. 전문인력이 많을수록 경영상의 의사결정은 용이해진다.	.6121	.6309
	7. 투자의 성공여부는 인적자원의 질에 영향을 받아왔다.	.6091	
HRA에 대한 인지도 및 도입의지	8. 경영자는 HRA에 대해 잘 알고 있다.	.6776	.7896
	9. 경영자는 HRA를 통상의 회계제도 내에 도입하는 것이 바람직하다고 생각하고 있다.	.6887	
인적자원관리 활동의 인프라	1. 부가가치에 대한 급여의 비율	.6166	.6644
	2. 비용지출에 대한 급여의 비율	.5873	
	3. 회사비용에 대한 인사·교육부서의 지출비율	.5758	
	4. 총 종업원에 대한 인사·교육 담당자 비율	.6305	
	5. 종업원 1인당 인적자원관리 비용	.6498	

요 인	문 항	제외 후 알파값	Cronbach's α 값
모집 및 선발 활동	6. 인당 신규채용 비용	.5296	.6602
	7. 모집인원 중 실제 선발인원 비율	.3856	
	8. 선발인원 중 실제 취업인원 비율	.3907	
	9. 충원 소요기간	.5376	
	10. 직무수행 시작하는데 소요되는 시간	.5879	
교육훈련 활동	11. 매출액 중 총 교육훈련비 비율	.6866	.7217
	12. 종업원 1인당 교육훈련 비용	.6651	
	13. 인건비 대비 총 훈련비용 지출 비율	.6695	
	14. 교육훈련에 참가한 종업원의 비율	.6800	
	15. 종업원 1인당 총 교육시간	.6899	
	16. 훈련과정별 비용 대비 효과	.7229	
	17. OJT와 OFF-JT(사외교육) 실시 비율 및 효과	.7105	
	18. 훈련내용 전달방법의 종류 및 효과	.7206	
결근 및 이직관리 활동	19. 질병으로 인한 결근(시간, 건수, 비용)	.7029	.7773
	20. 산업재해로 인한 결근(시간, 건수, 비용)	.6898	
	21. 작업상 보건관리 비용	.7524	
	22. 결근 및 이직으로 인한 생산 차질액	.7325	
	23. 이직 유형별 이직률	.710	
전문인력관리 활동	24. 핵심능력-제품 및 서비스-전문인력을 연결하는 능력 매트릭스(Competence Matrix)관리	.579	.6075
	25. 전문인력의 수 및 종업원 중에서의 비중	.583	
	26. 전문인력의 평균 근속년수 및 이직률	.561	
	27. 전문인력에 지출되는 cost 대비 benefit 비율	.582	

第5章 研究結果

第1節 産業區分에 따른 他 變數들과의 關係

가설 1. 산업에 따라 인적자원 가치에 대한 인식정도에는 차이가 있을 것이다.

산업별로 인적자원의 가치에 대한 인식정도에 차이가 있는지를 ANOVA 분석을 통해 알아본 결과는 다음 〈표 5-1〉과 같다.

〈표 5-1〉 산업별 인적자원 가치에 대한 인식정도

구 분	빈 도	평 균	표준편차	F
제조업(장치산업) – 철강, 화학, 식품, 제지, 섬유 등	32	3.0855	.4697	
제조업(조립산업) – 자동차, 전자, 기계, 악기 등	30	3.1810	.4430	
서비스업(하이테크 서비스) – 정보통신, 금융 등	24	3.6032	.6180	4.790**
서비스업(생활관련 서비스) – 관광, 레저, 호텔, 문화, 유통 등	26	3.3361	.6101	
계	112	3.2601	.5523	

$**p<.01$

이를 보면, 정보통신·금융 등의 하이테크 서비스산업의 평균이 3.6032로 가장 높고, 그 다음이 관광·레저·호텔·문화·유통 등의 생활관련 서비스산업으로 나타났으며, 철강·화학·식품·제지·섬유 등의 장치산업이 3.0855로 가장 낮은 것을 볼 수 있다. 이처럼 산업에 따라 인적자원 가치에 대한 인식정도는 차이가 있었으며, 서비스업이 제조업에 비해 높게 나타나고 있다. 이는 p<.01 수준에서 유의한 차이를 보였다. 따라서 가설 1은 입증되었음을 알 수 있다.

산업별 인적자원 가치에 대한 인식정도를 채용 시와 채용 후로 구분하여 살펴본 것이 〈표 5-2〉인데, 채용 후에는 하이테크 서비스산업이 3.6548로 가장 높았고, 장치산업이 2.9915로 가장 낮게 나타나 구분전의 분석결과와 동일하게 나타났으며, 이는 p<.001 수준에서 매우 유의한 차이를 보였다.

그러나 채용 시에는 산업별로 인적자원의 가치를 인식함에 있어 통계적으로 유의한 차이를 보이지 않는 것으로 나타났다.

〈표 5-2〉 산업별 인적자원 가치에 대한 인식정도(요인별)

구 분		빈 도	평 균	표준편차	F
채용 시	제조업(장치산업)	32	3.2051	.5277	
	제조업(조립산업)	30	3.0476	.5422	
	서비스업(하이테크 서비스)	24	3.2698	.6800	.665
	서비스업(생활관련 서비스)	26	3.0972	.7893	
	계	112	3.1548	.6215	
채용 후	제조업(장치산업)	39	2.9915	.5376	
	제조업(조립산업)	28	3.1815	.5314	
	서비스업(하이테크 서비스)	21	3.6548	.6542	6.894***
	서비스업(생활관련 서비스)	24	3.4514	.6625	
	계	112	3.2619	.6325	

***p<.001

가설 2. 산업에 따라 인적자원 측정에 대한 중요성 인식정도에는 차이
　　　가 있을 것이다.

인적자원 측정의 중요성 인식에 대하여 산업별로 차이가 있는지를 본
결과는 〈표 5-3〉과 같다. 분석결과 일반적으로 서비스업이 제조업에 비해
인적자원의 중요성 인식정도가 높은 것으로 나타나기는 하였으나, 통계적
으로 유의한 차이를 보이지는 않았다.

〈표 5-3〉 산업별 인적자원 측정의 중요성 인식정도

구　분	빈　도	평　균	표준편차	F
제조업(장치산업)	32	3.2215	.4973	
제조업(조립산업)	30	3.3452	.5912	
서비스업(하이테크 서비스)	24	3.6250	.7162	2.416
서비스업(생활관련 서비스)	26	3.3347	.5695	
계	112	3.3601	.5928	

산업별 인적자원 측정의 중요성 인식정도가 통계적으로 유의한 차이를
보이지는 않았으나, 이를 요인별로 구분하여 분석한 결과는 〈표 5-4〉와
같다. 분석결과 경영 및 투자에 대한 의사결정 시의 인적자산 고려 정도
와 HRA에 대한 인지도 및 도입의지에서는 역시 산업별로 통계적으로 유
의한 차이를 보이지 않았다.

그러나 인적자산과 기업이윤과의 상관성에 대한 인식에서는 하이테크
서비스산업이 3.3333으로 중요성을 가장 높게 인식하는 것으로 나타났으
며, 장치산업이 2.8184로 가장 낮은 인식을 보이는 것으로 조사되어 가설
1에서의 산업별 순위와 동일한 결과를 보였다. 이는 통계적으로 $p < .05$ 수
준에서 유의한 차이를 보이고 있다.

〈표 5-4〉 산업별 인적자원 측정의 중요성 인식정도(요인별)

구 분		빈도	평 균	표준편차	F
인적자산과 기업이윤의 상관성	제조업(장치산업)	32	2.8184	.5622	
	제조업(조립산업)	30	2.9821	.7127	
	서비스업(하이테크 서비스)	24	3.3333	.8866	3.008*
	서비스업(생활관련 서비스)	26	3.1468	.6621	
	계	112	3.0313	.7092	
경영 및 투자에 대한 의사결정	제조업(장치산업)	32	3.4359	.9118	
	제조업(조립산업)	30	3.6071	.9063	
	서비스업(하이테크 서비스)	24	3.6190	1.1057	.628
	서비스업(생활관련 서비스)	26	3.7500	.6916	
	계	112	3.5804	.9043	
HRA에 대한 인지도 및 도입의지	제조업(장치산업)	32	3.4103	.8497	
	제조업(조립산업)	30	3.4464	.7739	
	서비스업(하이테크 서비스)	24	3.2381	1.0200	1.627
	서비스업(생활관련 서비스)	26	3.7917	.9079	
	계	112	3.4688	.8860	

*p<.05

가설 3. 산업에 따라 인적자원 측정을 위한 지표관리 정도에는 차이가 있을 것이다.

〈표 5-5〉는 산업별 인적자원 측정을 위한 지표관리 정도를 보여주고 있다. 분석결과 하이테크 서비스산업, 생활관련 서비스산업, 조립산업, 장치산업 순서로 높은 점수를 나타내어, 서비스업이 제조업에 비해 인적자원 지표관리에 충실함을 보여주고 있다. 이와 같은 산업별 차이는 p<.001 수준에서 매우0 유의한 차이를 보여 가설 3은 입증되었음을 알 수 있다.

〈표 5-5〉 산업별 인적자원 지표관리 정도

구　분	빈　도	평　균	표준편차	F
제조업(장치산업)	32	3.1813	.4559	
제조업(조립산업)	30	3.2704	.5947	
서비스업(하이테크 서비스)	24	3.6564	.4019	6.965***
서비스업(생활관련 서비스)	26	3.5999	.4768	
계	112	3.4065	.5278	

***p<.001

　산업별로 인적자원 측정을 위한 지표관리 정도를 요인별로 구분하여 살펴본 결과는 다음 〈표 5-6〉과 같다.

　이를 살펴보면, 모집 및 선발 활동에서는 하이테크 서비스산업이 3.8479로 인적자원 지표관리 실행력이 가장 크고 장치산업이 3.2286으로 가장 낮게 나타났으며, p<.05 수준에서 유의한 차이를 보이고 있었다. 서비스업이 제조업에 비해 모집 및 선발 활동에서의 지표관리가 잘 이루어지고 있다는 것을 볼 수 있다.

　교육훈련 활동에서는 조립산업이 3.8176으로 지표관리를 가장 잘하고 있는 것으로 나타났으며, 장치산업은 3.3063으로 가장 낮게 나타났고, 마찬가지로 p<.05 수준에서 유의한 차이를 보이고 있었다. 결근 및 이직관리 활동의 경우는 조립산업이 4.1571로 가장 높고, 하이테크 서비스업이 2.6000으로 가장 낮은 실행력을 보였으며, p<.001 수준에서 유의한 차이를 보이고 있다. 이와 같이 교육훈련 활동과 결근 및 이직관리 활동에서는 조립산업과 생활관련 서비스산업이 장치산업이나 하이테크 서비스산업에 비해 지표관리를 잘하고 있는 것으로 나타나 앞에서의 결과와는 다르게 나타났다.

　한편, 인적자원관리 활동의 인프라와 전문인력관리 활동에서는 산업 간의 차이가 통계적으로 유의하게 나타나지 않았다.

〈표 5-6〉 산업별 인적자원 지표관리 정도(요인별)

구　분		빈도	평균	표준편차	F
인적자원관리 활동의 인프라	제조업(장치산업)	32	3.1705	.8488	.991
	제조업(조립산업)	30	3.4214	.7685	
	서비스업(하이테크 서비스)	24	3.2571	.8698	
	서비스업(생활관련 서비스)	26	3.5000	.8065	
	계	112	3.3201	.8244	
모집 및 선발 활동	제조업(장치산업)	32	3.2286	.6324	3.623*
	제조업(조립산업)	30	3.4397	.9010	
	서비스업(하이테크 서비스)	24	3.8479	.6824	
	서비스업(생활관련 서비스)	26	3.5732	.7529	
	계	112	3.4871	.7679	
교육훈련 활동	제조업(장치산업)	32	3.3063	.5939	3.769*
	제조업(조립산업)	30	3.8176	.7757	
	서비스업(하이테크 서비스)	24	3.3955	.6568	
	서비스업(생활관련 서비스)	26	3.7016	.7404	
	계	112	3.5368	.7121	
결근 및 이직관리 활동	제조업(장치산업)	32	3.1179	1.0826	13.029***
	제조업(조립산업)	30	4.1571	.8404	
	서비스업(하이테크 서비스)	24	2.6000	.6197	
	서비스업(생활관련 서비스)	26	3.5750	.9479	
	계	112	3.3786	1.0622	
전문인력 관리 활동	제조업(장치산업)	32	3.0833	.5886	2.386
	제조업(조립산업)	30	3.3125	1.0038	
	서비스업(하이테크 서비스)	24	3.6786	.7711	
	서비스업(생활관련 서비스)	26	3.3750	.9891	
	계	112	3.3147	.8475	

$*p < .05$　$***p < .001$

第2節 人的資源 價値에 대한 認識과 人的資源測定의 重要性 認識 간의 關係

가설 4. 인적자원 가치에 대한 인식정도는 인적자원 측정의 중요성 인
　　　　식에 영향을 미칠 것이다.

〈표 5-7〉에서 인적자원 가치에 대한 인식정도가 인적자원 측정의 중요
성 인식에 영향을 미치는지를 살펴보면, 회귀계수는 .459이며 $p < .001$ 수준
에서 매우 유의한 영향을 미침을 알 수 있다. 회귀모형의 설명력은 32%
로 나타났다. 이러한 결과는 인적자원 가치에 대한 인식정도가 큰 기업일
수록 인적자원 측정의 중요성을 높게 인식하고 있음을 말해주는 것이며,
따라서 가설 4는 명확히 입증되었다. 이를 가설 1의 검증결과와 연계하여
설명하면, 인적자원 가치를 높게 인식하고 있는 서비스업이 인적자원의
측정에 있어서도 그 중요성을 제조업보다 높게 인식하고 있다는 것이다.

〈표 5-7〉 인적자원 가치에 대한 인식정도에 따른 측정의 중요성 인식

구 분	비표준화 계수		표준화 계수	t	Sig.	F
	B	Std. Error	Beta			
(Constant)	1.865	.306		6.095	.000	24.580***
인적자원 가치에 대한 인식정도	.459	.093	.427	4.958	.000	
R Squre=.321						

***p<.001

4-1. 인적자원 가치에 대한 인식정도는 인적자산과 기업이윤과의 상관
   성에 대한 인식에 영향을 미칠 것이다.

4-2. 인적자원 가치에 대한 가치 인식정도는 경영 및 투자에 대한 의사
   결정에 영향을 미칠 것이다.

4-3. 인적자원 가치에 대한 인식정도는 HRA에 대한 인지도 및 도입의
   지에 영향을 미칠 것이다.

가설 4-1, 4-2, 4-3은 인적자원 측정의 중요성 인식 부분을 요인별로 구
분하여 보다 구체적으로 살펴보기 위해 설정하였으며, 검증결과는 〈표
5-8〉과 같다.

이를 보면, 인적자원 가치에 대한 인식정도에 따른 인적자산과 기업이
윤의 상관성에 대한 인식은 회귀계수 .133으로 나타나 p<.01 수준에서 유
의한 영향을 미침을 알 수 있으며, HRA에 대한 인지도 및 도입의지는 회
귀계수 .261로 나타나 p<.05 수준에서 유의한 영향을 미침을 알 수 있다.
회귀모형의 설명력은 32.9%로 나타났다.

이러한 결과는 인적자원 가치에 대한 인식정도가 큰 서비스업이 제조업
에 비해 인적자산이 기업이윤에 많은 영향을 미친다고 생각하고 있으며,

서비스업의 경영자들이 제조업의 경영자들에 비해 HRA의 내용을 잘 이해하고 있을 뿐 아니라 실제로 제도를 도입하려는 의지도 높다는 것을 말해주는 것이다. 따라서 가설 4-1과 가설 4-3은 입증되었음을 알 수 있다.

그러나 인적자원 가치에 대한 인식정도가 경영 및 투자에 대한 의사결정에 미치는 영향을 검증한 결과, 통계적으로 유의한 영향을 미치지 않는 것으로 나타나 가설 4-2는 입증되지 못하였다.

〈표 5-8〉 인적자원 가치에 대한 인식정도에 따른 측정의 중요성 인식(요인별)

구 분	비표준화 계수		표준화 계수	t	Sig.	F
	B	Std. Error	Beta			
(Constant)	8.63	.102		8.787	.000	
인적자산과 기업이윤과의 상관성에 대한 인식	.133	.001	.399	2.835	.005	
경영 및 투자에 대한 의사결정	.320	.024	.509	-.083	.934	4.321*
HRA에 대한 인지도 및 도입의지	.261	.180	.498	2.178	.032	
R Square = .329						

*p<.05

한편, 인적자원 측정이 중요하다면 어떠한 지표의 측정이 우선되어야 한다고 생각하는지를 우리 기업들에 대한 실태조사 차원에서 분석해 보았는데, 결과는 다음 〈표 5-9〉와 같다.

이를 보면 가장 우선해야 할 측정지표로는 전문인력의 비중(29.5%), 정보화, 기술투자 또는 R&D투자비용(18.8%), 교육훈련투자비용(17.0%), 시장점유율이나 고객만족도(15.2%), 부가가치 생산성(13.4%) 등의 순서로 응답하였다. 이러한 순서는 한국노동연구원에서 조사했던 실태조사 결과[125]와 거의 일치하고 있다. 이것을 보면, 우리 기업들이 전문인력의 확보와 유지 및 인적자원에 대한 투자와 그 효과에 많은 관심을 가지고 있다는 것을 알 수 있다.

〈표 5-9〉 인적자원 측정 시 우선되어야 할 지표(우선순위)

구 분	1순위		2순위		3순위	
	빈도	백분율	빈도	백분율	빈도	백분율
전문인력의 비중	33	29.5	20	17.9	17	15.2
정보화, 기술투자 또는 R&D투자비용	21	18.8	34	30.4	17	15.2
교육훈련투자비용	19	17.0	20	17.9	28	25.0
특허, 저작권의 수	2	1.8	3	2.7	6	5.4
시장점유율이나 고객만족도	17	15.2	14	12.5	16	14.3
자격증 소지 비율	-	-	4	3.6	5	4.5
근속기간	2	1.8	4	3.6	5	4.5
근태율	3	2.7	2	1.8	2	1.8
물적 생산성	-	-	1	.9	3	2.7
부가가치생산성	15	13.4	10	8.9	12	10.7
기 타	-	-	-	-	1	.9
Total	112	100.0	112	100.0	112	100.0

---

125) 어수봉 외, 전게서, pp.164-165.

第3節 人的資源 價値에 대한 認識 人的資源 測定에 대한 重要性 認識과 人的資源 指標管理 간의 關係

가설 5. 인적자원 가치에 대한 인식정도와 인적자원 측정의 중요성 인
식정도는 인적자원 지표관리에 영향을 미칠 것이다.

가설 5는 인적자원 가치에 대한 인식과 인적자원 측정의 중요성 인식이
인적자원 지표관리에 미치는 영향을 비교적인 입장에서 살펴보기 위해 설
정되었다. 즉, 두 변수가 모두 지표관리에 영향을 미치는지, 그리고 영향을
미친다면 어떤 변수가 더 유의한 영향을 미치는지를 검증하기 위함이다.

우선 〈표 5-10〉에서 인적자원에 대한 가치인식정도가 인적자원관리 활
동에서의 지표관리에 영향을 미치는지를 살펴보면, 회귀계수는 .224이며
$p < .05$ 수준에서 유의한 영향을 미침을 알 수 있다. 회귀모형의 설명력은
5%로 다소 낮게 나타났다. 이러한 결과로 볼 때 인적자원 가치에 대한
인식정도가 큰 기업일수록 인적자원관리 활동에서 인적자원 측정을 위한
지표관리를 잘하고 있다는 것을 알 수 있다.

〈표 5-10〉 인적자원 가치에 대한 인식정도에 따른 인적자원 지표관리

구 분	비표준화 계수		표준화 계수	t	Sig.	F
	B	Std. Error	Beta			
(Constant)	2.677	.293		9.139	.000	6.388*
인적자원 가치에 대한 인식정도	.224	.089	.234	2.527	.013	
R Square = .05						

*p<.05

또한, 〈표 5-11〉에서 인적자원 측정의 중요성 인식정도가 인적자원관리 활동에서의 지표관리에 영향을 미치는지를 살펴보면, 회귀계수는 .294이며 p<.001 수준에서 매우 유의한 영향을 미침을 알 수 있다. 회귀모형의 설명력은 33%로 나타났다. 이러한 결과로 볼 때, 인적자원 측정의 중요성 인식정도가 높은 기업일수록 인적자원관리 활동에서의 지표관리를 잘하고 있다는 것을 알 수 있다.

〈표 5-10〉과 〈표 5-11〉에서 나타난 결과를 종합하면 가설 5는 입증되었음을 알 수 있다.

〈표 5-11〉 인적자원 측정의 중요성 인식정도에 따른 인적자원 지표관리

구 분	비표준화 계수		표준화 계수	t	Sig.	F
	B	Std. Error	Beta			
(Constant)	2.419	.273		8.848	.000	13.466***
인적자원 측정의 중요성 인식정도	.294	.080	.330	3.670	.000	
R Square = .330						

***p<.001

한편, 두 결과를 비교하였을 때, 인적자원 가치에 대한 인식정도보다는 인적자원 측정의 중요성 인식정도가 인적자원관리 활동에서의 지표관리에 더 큰 영향을 미치는 것을 알 수 있다. 이는 인적자원 측정의 중요성 인식이 인적자원 지표관리에 $p<.001$의 수준에서 영향을 미치는 것과 회귀모형의 설명력이 33%인 반면에, 인적자원 가치에 대한 인식정도는 유의성이 $p<.05$의 수준에서 검증되고 회귀모형의 설명력이 5%인 것을 보면 명확히 알 수 있다.

5-1. 인적자원 가치에 대한 인식정도는 인적자원관리 활동의 인프라에 관련된 지표관리에 영향을 미칠 것이다.

5-6. 인적자원 측정의 중요성 인식정도는 인적자원관리 활동의 인프라에 관련된 지표관리에 영향을 미칠 것이다.

〈표 5-12〉에서 보는 바와 같이 인적자원 가치에 대한 인식정도와 인적자원 측정의 중요성 인식정도가 인적자원관리 활동의 인프라에 미치는 영향을 살펴보기 위해 다중회귀분석을 실시한 결과, 인적자원의 가치에 대한 인식정도의 경우 회귀계수는 .219이며, $p<.05$ 수준에서 유의한 영향을 미치지 않음을 알 수 있다. 그리고 인적자원 측정의 중요성 인식이 인프라에 미치는 영향을 살펴보면 회귀계수는 .227이며, $p<.05$ 수준에서 역시 유의한 영향을 미치지 않는 것으로 나타났다.

이러한 결과로 인적자원 가치에 대한 인식, 인적자원 측정의 중요성 인식이 크다고 하여도 인적자원관리 활동의 인프라로 분류된 부가가치에 대한 급여의 비율, 비용지출에 대한 급여의 비율, 회사비용에 대한 인사·교육부서의 지출비율, 총 종업원에 대한 인사·교육 담당자의 비율 등의 지표에 대하여는 관심이 없거나 관심이 있더라도 측정되지 않는다는 것을 알 수 있다. 따라서 가설 5-1, 가설 5-6은 기각되었다.

〈표 5-12〉 인적자원 가치에 대한 인식과 인적자원 측정의 중요성 인식이
인적자원관리 활동의 인프라에 미치는 영향

구 분	비표준화 계수		표준화 계수	t	Sig.	F
	B	Std. Error	Beta			
(Constant)	1.845	.528		3.496	.001	
인적자원 가치에 대한 인식정도	.219	.153	.146	1.432	.155	4.009*
인적자원 측정의 중요성 인식정도	.227	.142	.163	1.597	.113	
R Square=.069						

5-2. 인적자원 가치에 대한 인식정도는 모집 및 선발 활동에 관련된 지표에 영향을 미칠 것이다.

5-7. 인적자원 측정의 중요성 인식정도는 모집 및 선발 활동에 관련된 지표관리에 영향을 미칠 것이다.

다음 〈표 5-13〉에서 인적자원 가치에 대한 인식정도와 인적자원 측정의 중요성 인식이 모집 및 선발 활동에 미치는 영향을 살펴보면, 인적자원 측정의 중요성 인식의 경우는 회귀계수 .377로 p<.01 수준에서 매우 유의한 영향을 미침을 알 수 있다. 회귀모형의 설명력은 28.6%이다. 그러나 인적자원 가치에 대한 인식정도의 경우는 모집 및 선발 활동에 유의한 영향을 미치지는 않음을 알 수 있다. 따라서 가설 5-2는 기각되었으며, 가설 5-7은 채택되었음을 알 수 있다.

이는 인적자원에 대한 가치를 인식하고 있다고 하여도 그것이 모집·선발 활동의 측정지표인 인당 신규채용 비용, 모집인원 중 실제 선발인원 비율, 선발인원 중 실제 취업인원 비율, 충원 소요기간, 직무수행 시작하는데 소요되는 시간을 관리하는데 까지는 영향을 미치지 못하고 있으며, 인적자

원측정의 중요성을 인식하고 있는 경우가 단순히 인적자원에 대한 가치인식이 큰 경우보다 이들 지표들을 더 잘 관리하고 있다는 것을 알 수 있다.

<표 5-13> 인적자원 가치에 대한 인식과 인적자원 측정의 중요성 인식이
모집 및 선발 활동에 미치는 영향

구 분	비표준화 계수		표준화 계수	t	Sig.	F
	B	Std. Error	Beta			
(Constant)	2.283	.488		4.678	.000	
인적자원 가치에 대한 인식정도	-1.973E-02	.141	-.014	-.140	.889	4.842**
인적자원 측정의 중요성 인식정도	.377	.132	.291	2.870	.005	
R Square=.286						

**p<.01

5-3. 인적자원 가치에 대한 인식정도는 교육훈련 활동에 관련된 지표관리에 영향을 미칠 것이다.
5-8. 인적자원 측정의 중요성 인식정도는 교육훈련 활동에 관련된 지표관리에 영향을 미칠 것이다.

다음 <표 5-14>에서 인적자원 가치에 대한 인식과 인적자원 측정의 중요성 인식이 교육훈련 활동에 미치는 영향을 살펴보면, 인적자원 가치에 대한 인식정도의 경우는 회귀계수 .436으로 나타나 p<.01 수준에서 유의한 영향을 미침을 알 수 있으며, 인적자원 측정의 중요성 인식의 경우도 회귀계수 .365로 p<.01 수준에서 유의한 영향을 미침을 알 수 있다. 회귀계수의 설명력은 35%이다.

이러한 결과를 볼 때, 인적자원 가치에 대한 인식정도와 인적자원 측정의 중요성 인식이 교육훈련 활동에 관련된 지표관리에 모두 영향을 미친다는 것을 알 수 있으며, 따라서 가설 5-3과 가설 5-8은 입증되었다.

이를 구체적으로 살펴보면, 인적자원에 대한 가치인식과 인적자원 측정의 중요성 인식이 클수록 교육훈련 활동에서의 실행력을 뒷받침해 줄 만한 지표들, 즉, 매출액 중 총 교육훈련비 비율, 종업원 1인당 교육훈련비 비율, 인건비 대비 총 훈련비용 지출 비율, 교육훈련에 참가한 종업원의 비율, 종업원 1인당 총 교육시간, 훈련과정별 비용 대비 효과, OJT와 OFF-JT 실시 비율 및 효과, 훈련내용 전달방법의 종류 및 효과에 대한 지표들에 관심을 가지고 관리하고 있다는 것을 알 수 있다.

〈표 5-14〉 인적자원 가치에 대한 인식과 인적자원 측정의 중요성 인식이 교육훈련 활동에 미치는 영향

구 분	비표준화 계수		표준화 계수	t	Sig.	F
	B	Std. Error	Beta			
(Constant)	2.831	.468		6.048	.000	
인적자원 가치에 대한 인식정도	.436	.135	.413	2.439	.003	2.173**
인적자원 측정의 중요성 인식정도	.365	.127	.314	2.908	.002	
R Square＝.346						

**p<.01

5-4. 인적자원 가치에 대한 인식정도는 결근 및 이직관리 활동에 관련된 지표관리에 영향을 미칠 것이다.

5-9. 인적자원 측정의 중요성 인식정도는 결근 및 이직관리 활동에 관련된 지표관리에 영향을 미칠 것이다.

다음 〈표 5-15〉는 인적자원 가치에 대한 인식과 인적자원 측정의 중요성 인식이 결근 및 이직관리에 미치는 영향을 살펴본 것이다.

표를 보면, 인적자원 측정의 중요성 인식의 경우 회귀계수 .368로 나타 났으며, p<01 수준에서 유의한 영향을 미침을 알 수 있다. 하지만 인적자 원 가치에 대한 인식정도의 경우 유의적이지 않음을 알 수 있다.

결국 가설 5-4는 기각되었으며, 가설 5-9는 채택되었음을 알 수 있다.

<표 5-15> 인적자원 가치에 대한 인식과 인적자원 측정의 중요성 인식이
결근 및 이직관리 활동에 미치는 영향

구 분	비표준화 계수		표준화 계수	t	Sig.	F
	B	Std. Error	Beta			
(Constant)	2.549	.692		3.683	.000	
인적자원 가치에 대한 인식정도	-.125	.200	-.065	-.625	.533	1.981**
인적자원 측정의 중요성 인식정도	.368	.186	.206	1.975	.050	
R Square=.187						

**p<.01

이를 통해 인적자원 측정의 중요성을 높게 인식할수록 결근 및 이직 관 리를 위한 지표들, 즉, 질병과 산업재해로 인한 결근(시간, 건수, 비용), 산업재해로 인한 결근(시간, 건수, 비용), 작업상 보건관리 비용, 결근 및 이직으로 인한 생산 차질액, 이직 유형별 이직률 등의 측정지표에 관심을 가지게 된다는 것을 알 수 있었으나, 단순히 인적자원에 대하여 가치가 있다고 느끼는 경우는 해당되지 않는다는 것을 알 수 있다.

5-5. 인적자원 가치에 대한 인식정도는 전문인력관리 활동에 관련된 지 표관리에 영향을 미칠 것이다.

5-10. 인적자원 측정의 중요성 인식정도는 전문인력관리 활동에 관련된 지표관리에 영향을 미칠 것이다.

〈표 5-16〉에서 인적자원 가치에 대한 인식과 인적자원 측정의 중요성 인식이 전문인력관리 활동에 미치는 영향을 살펴보면, 인적자원에 대한 가치인식정도의 경우 회귀계수는 .378이며, p<.01 수준에서 전문인력관리 활동에 유의한 영향을 미침을 알 수 있다. 하지만 인적자원 측정의 중요성 인식의 경우는 유의한 영향을 미치지 않음을 알 수 있다. 결국 가설 3-5는 채택되었으며, 가설 3-10은 기각되었음을 알 수 있다.

이러한 결과는 인적자원에 대한 가치인식보다 인적자원측정의 중요성 인식이 인적자원관리 활동에서의 지표관리에 더 큰 영향을 주고 있었던 지금까지의 결과와 다른 것으로, 전문인력을 관리하기 위한 실행력은 인적자원에 대한 가치인식정도가 클수록 실행력도 크다는 것을 알 수 있었다. 이는 인적자원 가치를 크게 느끼는 경우 전문인력관리를 위한 측정지표 즉, 핵심능력-제품 및 서비스-전문인력을 연결하는 능력 매트릭스관리, 전문인력의 수 및 종업원 중에서의 비율, 전문인력의 평균 근속년수 및 이직률, 전문인력에 지출되는 cost 대비 benefit 비율에 대하여 관심이 있고 그 관리를 더욱 지속적으로 하게 된다는 것을 알 수 있다.

〈표 5-16〉 인적자원 가치에 대한 인식과 인적자원 측정의 중요성 인식이
전문인력관리 활동에 미치는 영향

구 분	비표준화 계수		표준화 계수	t	Sig.	F
	B	Std. Error	Beta			
(Constant)	1.557	.534		2.913	.004	
인적자원 가치에 대한 인식정도	.378	.155	.247	2.447	.016	5.768**
인적자원 측정의 중요성 인식정도	.156	.144	.109	1.084	.281	
R Square=.309						

**p<.01

第6章 要約 및 結論

第1節 研究의 槪要

본 연구는 산업별로 첫째, 인적자원 가치에 대한 인식정도, 둘째, 인적자원측정의 중요성 인식정도, 셋째, 실제 인적자원관리 활동에 있어서 인적자원 측정지표의 관리수준을 조사하고, 그 상관관계 및 영향의 정도를 밝혀내어 인적자원 측정의 본격적 도입을 위한 시사점을 도출하는데 목적이 있다.

연구방법은 이론적 접근과 사례연구, 그리고 실증적 접근을 병행하였다.

이론적 틀을 마련하는 과정에서 지식경제시대의 기업들은 인적자원의 측정에 초점을 맞추어야 한다는 것과 측정을 통한 인적자원정보가 인적자원관리 활동에 필수적이라는 사실을 밝히려 하였으며, 이를 통해 인적자원 가치에 대한 인식 – 인적자원측정의 중요성 인식 – 인적자원관리 활동에서의 지표관리가 연속선상에 존재함을 확인하였다.

사례연구에서는 인적자원측정 시스템을 공식적으로 채택하고 있는 선진기업들과 세계적인 인적자원관리 연구기관들이 채택하고 있는 인적자원측정지표들을 조사하였다. 그리고 이들을 종합한 후, 인적자원관리 활동별로 할당함으로써 인적자원관리 활동에 있어서의 인적자원 측정지표들을 구할 수 있었다.

실증연구는 이러한 이론적 틀과 지표들을 활용하여 진행하였으며, 설문법(5점 척도)에 의한 자료에 의해 분석이 이루어졌다. 설문조사는 각 기업의 인사담당 부서(팀)장들을 대상으로 2000년 2월 21일부터 3월 10일까지 3주간에 걸쳐 진행되었다. 4개 산업별로 50부씩 총 200부가 배부되었으며, 112부가 수집되어 회수율은 56%였다.

第2節 硏究結果의 要約

연구결과를 요약하면 다음과 같다.

첫째, 산업별로 인적자원 가치에 대한 인식정도가 차이가 나는지를 검증한 결과, 하이테크 서비스산업 -생활관련 서비스산업 -조립산업 -장치산업의 순서로 인적자원의 가치를 높게 인식하고 있었으며, 특히 채용 후의 가치인식에서 크게 차이를 보이고 있었다. 하이테크 서비스산업이 타 산업들에 비해 가치인식정도가 큰 것은 이것이 지식집약성, 고부가가치성, 기술집약성 등의 특성을 가지는 산업이며, 동시에 이 산업에 종사하고 있는 기업들이 심각한 기술 및 연구 인력난에 직면하고 있다는 사실[126]과 무관치 않을 것이다.

둘째, 산업별로 인적자원 측정의 중요성 인식정도가 차이가 나는지를 검증한 결과, 통계적으로 유의한 차이를 나타내지 않았다. 그러나 요인별로 구분하여 검증해본 결과, 인적자산과 기업이윤의 상관성에 대하여는 통계적으로 유의한 차이를 보이고 있었다. 산업별 순위는 위의 검증결과와 같이 하이테크 서비스산업이 가장 높고, 장치산업이 가장 낮았다. 평균값 및 타 요인들과의 분석결과 등을 고려할 때, 우리 기업들은 인적자산이 기업이윤에 영향을 미친다는 사실에 대해서는 긍정하지만, 이것이 경영 및 투자 의사결정에의 반영 내지는 인적자원회계제도를 도입하겠다는

126) 강완구·박노윤, "기술혁신적 기업의 환경, 내부능력, 전략 및 조직분위기에 관한 연구", 「인사·조직 연구」, 제1권 제1호, 한국인사·조직학회, 1992. 12, pp.123-170.

130

노력으로까지는 이어지지 않고 있는 것으로 보여진다.

셋째, 산업별로 인적자원 측정을 위한 지표관리 수준이 차이가 나는지를 검증한 결과, 하이테크 서비스산업 - 생활관련 서비스산업 - 조립산업 - 장치산업의 순서로 인적자원 지표관리를 잘하고 있었으며, 특히 모집 및 선발 활동 · 교육훈련 활동 · 결근 및 이직관리 활동에서 유의한 차이를 보이고 있었다.

이를 요인별로 구분하여 살펴보면, 모집 및 선발 활동에서는 하이테크 서비스산업의 인적자원 지표관리 수준이 가장 높고 장치산업이 가장 낮게 나타났으며, 서비스업이 제조업에 비해 모집 및 선발 활동에서의 지표관리가 잘 이루어지고 있다는 것을 볼 수 있다. 이는 제조업보다 인력난이 훨씬 심각한 서비스산업의 경우, 인적자원의 개발전략보다는 확보전략을 선호하여 모집 및 선발이 주로 외부노동시장을 대상으로 이루어지는 경우가 많으며, 선발된 인원들을 즉시 현업에 투입하고자 하기 때문에 좀 더 엄격한 기준에 의한 모집 및 선발이 이루어질 가능성이 높기 때문이라고 해석할 수 있다. 구체적으로는 인력의 보유능력이나 가치(endowed value)를 판단하기 위해 더 많은 시간과 예산을 투입할 것이며, 공인된 자격증의 소지여부를 중요한 선발기준으로 삼으려 할 것이다.[127]

교육훈련 활동에서는 조립산업 - 생활관련 서비스산업 - 하이테크 서비스산업 - 장치산업 순서로 지표관리를 잘하고 있는 것으로 나타나, 이전의 결과와 다소 다르게 나타났다. 이는 조립산업의 경우 인적자원의 개발전략을 선호할 뿐 아니라 기술이 사람에게 체화된 정도가 큼으로 인해 OJT에 의한 교육훈련 활동이 강조되기 때문인 것으로 해석할 수 있을 것이다.[128]

결근 및 이직관리 활동의 경우는 조립산업 - 생활관련 서비스산업 - 장치

---

127) 이도화 · 원성삼, 전게논문, pp.265-271.
128) 임종만, "우리나라 기업의 인적자원개발에 관한 실증연구", 인천대학교 대학원 박사학위논문, 1992, pp.64-65.

산업-하이테크 서비스산업 순서로 지표관리를 잘하고 있는 것으로 나타 났으며, 통계적으로 매우 유의한 차이를 보이고 있다. 조립산업이 가장 높 게 나타난 것은 협력 작업이 많은 산업의 특성이 반영된 것이며, 하이테 크 서비스산업이 가장 낮게 나타난 것은 반대로 단독작업이 많은 산업의 특성이 반영된 것으로 볼 수 있을 것이다.

한편, 인적자원관리 활동의 인프라와 전문인력관리 활동에서는 산업 간 의 차이가 통계적으로 유의하게 나타나지 않았다. 전문인력의 비중을 가 장 우선적인 인적자원 측정지표로 선택했던 결과(〈표 5-9〉 참조)와 비교 하면, 우리기업들은 전문인력의 중요성은 인정하면서도 정작 그들의 유지 관리 및 가치증대를 위한 노력에는 소홀한 것으로 생각된다.[129]

넷째, 인적자원 가치에 대한 인식이 인적자원 측정의 중요성 인식에 미 치는 영향을 회귀분석으로 알아본 결과, 통계적으로 매우 유의한 영향을 미치는 것으로 나타났다. 이러한 결과는 인적자원 가치에 대한 인식정도 가 큰 기업일수록 인적자원 측정의 중요성을 높게 인식하고 있음을 말해 주는 것이며, 이를 가설 1의 검증결과와 연계하여 설명하면, 인적자원 가 치를 높게 인식하고 있는 서비스업이 인적자원의 측정에 있어서도 그 중 요성을 제조업보다 높게 인식하고 있다는 것이다.

다섯째, 인적자원 가치에 대한 인식 및 인적자원 측정의 중요성 인식이 인적자원 지표관리에 미치는 영향을 회귀분석으로 알아본 결과, 두 변수 모두 지표관리에 유의한 영향을 미치는 것으로 나타났다. 한편, 두 변수에 의한 검증결과를 비교하였을 때, 인적자원 가치에 대한 인식정도보다는 인적자원 측정의 중요성 인식정도가 인적자원관리 활동에서의 지표관리에 더 큰 영향을 미치는 것을 알 수 있었다.

---

129) 한국생산성본부, 전게서, pp.39-62.

第3節 研究結果의 示唆點

　무형의 지적자본, 그중에서도 인적자본이 특히 강조되는 지식경제시대 하에서, 우리 기업들은 이러한 인적자원의 가치에 대한 측정과 그에 의한 정보의 활용이 어떤 의미를 가질 것인가 하는 점을 깊이 생각해 볼 필요가 있다. 이에 대한 해답을 얻기 위해서는 시대적 상황이 패러다임의 전환을 요구하는 혁명적 상황임을 먼저 인식해야 할 것이다. 즉, 인적자원에 의해 창출되는 가치와 지식을 회사의 차별화와 경쟁우위의 원천으로 이용하는 지식회사의 출현은 현재의 패러다임을 위협하는 하나의 혁명에 해당된다는 사실이다. 여기서 낡은 개념적 모델은 더 이상 적용될 수 없다. 아마도 가장 중요한 점은, 과거에 개발된 측정도구들이 지식회사를 기술하는데 더 이상 적합하지 않다는 사실일 것이다. 새로운 게임의 법칙하에서 이제 인적자본을 핵심역량으로 관리하지 않으면 시장에서 도태되리라는 것이 명확해지고 있는 이상 이 새로운 게임의 법칙을 빨리 체득하고 실행하는 것이 시장에서 승리자가 되는 길이다.

　이러한 전제 아래 본 연구가 시사하는 바를 정리하면 다음과 같다.

　첫째, 인적자원측정의 중요성 인식정도와 실제 인적자원관리 활동에서의 지표관리 수준의 상관성이 입증됨에 따라, 인적자원측정의 개념 및 중요성 그리고 방법들에 대해 각 기업들이 이제부터라도 관심을 기울여 나가는 것이 바람직하다는 시사점을 도출해 볼 수 있다. 물론 측정지표 및 측정방법은 각 기업의 실정에 맞게 개발되어야 할 것이나 본 연구에서 제시된 지표들이 많은 참고가 될 것이라고 생각된다. 이와 관련해서 한 가지 다행스러운 일은 현재의 많은 지적자본 이론가들이 다양한 모델과 측정체계를 제시하고 있지만, 그 구조와 내용을 면밀히 분석해보면 동일한 개념을 상이한 용어로 표현하고 있는 경우가 많다는 것이다. 이는 그만큼 표준적인 인적자원 측정체계의 출현을 강력히 예고하는 것이기도 하다.[130]

둘째, 산업의 특성에 따라 요인별로 일부 다른 결과가 나오기는 했지만 기본적으로 인적자원 가치와 측정의 중요성 인식정도 그리고 인적자원 측정을 위한 지표관리 수준이 하이테크 서비스산업, 생활관련 서비스산업, 조립산업, 장치산업 순서로 나타난 것은 지식경제시대의 지식기업과 그 기업을 구성하고 있는 인적자원들의 가치에 대한 측정의 관련성을 여실히 보여주고 있다. 21세기에는 모든 직업의 80%가 지적(cerebral)인 것이 될 것이며, 심지어 생산부문까지도 지식근로화 될 것이라는 지적[131]을 감안할 때, 우리기업의 시급한 과제는 인적자원 가치측정을 통해 인적자원의 효과적인 활용과 이용가능성에 대한 정확하고 시의 적절한 정보를 얻는 것이 되어야 할 것이다. 지식기업으로 거듭나려면 무엇보다 인적자원의 가치를 높게 인식하는 가운데 철저한 관리가 이루어져야 하는데, 이러한 변화의 중심에는 지속적인 인적자원의 측정활동이 놓여있다는 것이다.

셋째, 인적자원 측정을 절대적인 측정치인 화폐단위로 할 것인가 상대적인 증감비율로 나타낼 것인가 하는 문제이다. 인적자본 자체가 미래의 이익으로 실현될 수 있다면 인적자본은 언젠가 화폐자본으로 전환되고 따라서 이론적으로는 절대액으로 표시될 수 있다. 그러나 이것은 이상적인 목표는 될 수 있을지언정 현실적으로는 불가능하다고 해야 할 것이다. 그것은 그만큼 자의성과 비현실성을 안게 마련이다. 따라서 절대액 측정보다는 상대적인 증감비율의 표시가 현실적으로 접근 가능할 뿐 아니라 보

---

130) 김형기, 전게서, pp.167-168.
131) 한국산업인력관리공단, 「지식경제의 기업가치」, 1998, pp.3-5.

다 경영통제의 목적에 맞는 유용한 정보를 제공해 줄 수 있을 것이다. 이를 위해서는 우리 기업들이 우선적으로 측정방법의 복잡성과 난해함에 따른 도입의 망설임에서 벗어나 평소에 지속적인 지표관리에 초점을 두어야 한다는 것을 본 연구에서는 강조하는 것이다.

넷째, 인적자원 측정결과를 어떻게 활용할 것인가 하는 문제이다. 측정으로 얻어진 경영정보들은 내부고객뿐만 아니라 자본시장이나 주주 등의 외부고객들에게도 필요한 것이겠지만, 우리 기업들의 경우 인적자원의 측정과 관리는 무엇보다 내부고객에 대한 보고를 목적으로 기업의 경영전략 실행과 점검을 위한 유용한 내부경영정보를 확보하는데 그 초점이 두어지는 것이 현시점에서 바람직한 방향인 것으로 생각된다. 이 같은 기본방향에 따라 본 연구는 인적자원회계와 지적자본 측정의 융화를 통해 내부경영정보로서 유용한 관리지표들을 측정도구로 하여 진행되었다.

第4節 研究의 限界 및 向後 研究方向

본 연구는 기존 국내의 연구에서 한 걸음 더 나가 보다 깊이 있는 연구를 진행하려 하였으나 실증분석에 있어 다음과 같은 한계점을 가지고 있다.

첫째, 인적자원관리 활동에서의 지표관리 부분에서 객관적인 성과지표와의 관련성을 분석하기 위해 이직률을 비롯한 몇 가지 성과항목을 조사하려 하였으나, 응답기업들의 정보노출 우려와 평소의 관리지표가 아님으로 인해 응답률이 저조하여 더 이상의 분석을 시도하지 못하였다. 따라서 본 연구의 결과는 인적자원관리 활동의 효과를 의미하기보다는 기본적으로 인사관리자들의 지각에 기초한 인적자원 지표관리의 수준으로 이해되어야 한다.

둘째, 상관관계가 높을 것으로 추정되는 변수들의 조사를 함에 있어, 각 기업의 인사담당 부서(팀)장 1인을 조사의 대상으로 함으로써, 다소 주관성 내지 편견이 개입되었을 여지가 있다.

따라서 앞으로의 연구에서는 다음과 같은 것이 고려되어야 할 것이다.

첫째, 보다 객관적인 인적자원관리 활동의 성과지표들을 확보하여 인적자원 측정지표의 관리수준과의 상관성을 분석할 필요가 있다. 이를 통해 인적자원 측정을 통한 인적자원정보의 활용이 경영성과에 기여한다는 보다 확실한 증거를 제시할 수 있을 것이다.

둘째, 조사대상을 2원화 내지 다원화시켜 보다 객관화된 자료를 가지고 분석할 필요가 있다. 그러나 이는 위에서 제시한 객관적인 성과지표만 확보할 수 있다면 그리 중요한 문제는 되지 않을 것이다.

〈參考文獻〉

1. 국내문헌

〈저서〉

강순희 외, 「지식경제와 직업훈련」, 서울: 한국노동연구원, 1999.

경제기획원, 「한국의 사회지표」, 서울: 경제기획원, 1983.

김귀현, 「산업훈련론」, 서울: 서문출판사, 1982.

김종업, 「관리회계」, 서울: 갑진출판사, 1993.

김형기, 「지적자본의 측정과 관리: 이론과 실례」, 서울: 한국생산성본부, 1998.

나윤기, 「인적자원관리」, 서울: 학문사, 1999.

나일주, 「산업교육의 이론과 실제」, 서울: 한국능률협회, 1994.

대우경제연구소, 「기업의 지적자본가치 비교」, 1997.

박내회, 「인력개발과 사내교육훈련의 방향」, 제3기 최고경영자과정 18-1, 서
        울: 전국경제인연합회 국제경영원, 1981.

─────, 「인사관리」, 서울: 박영사, 1997.

신성식 외, 「행위회계」, 서울: 일신사, 1994.

신유근, 「인사관리」, 서울: 경문사, 1987.

어수봉 외, 「인적자원회계제도의 도입방안에 관한 연구」, 서울: 한국노동연구
        원, 1999.

유규창, 「인적자원관리의 신조류」, 서울: 한국노동연구원, 1998.

이근희, 「경영혁신을 위한 교육훈련과 인력개발제도」, 서울: 한국생산성본부,
        1995.

이정도, 「인적자원회계정보」, 서울: 한국경제신문사, 1991.

이학종, 「기업변신론」, 서울: 법문사, 1994.

─────, 「인적자원관리」, 제3판, 서울: 세경사, 1995.

이한검, 「경영학원론」, 서울: 형설출판사, 1994.

138

――――, 「경영학의 에센스」, 서울: 형설출판사, 1998.

정충영・최이규, 「SPSSWIN을 이용한 통계분석」, 서울: 무역경영사, 1996.

조익순, 「신회계이론」, 서울: 박영사, 1989.

채서일・김범종・이성근, 「SPSS/PC+를 이용한 통계분석」, 서울: 학현사, 1996

포스코 경영연구소, 「지식경영」, 서울: 더난출판사, 1998.

한국산업인력공단, 「지식경제의 기업가치」, 1998.

――――――――, 「지식의 측정과 인적자본회계」, 1996.

한국생산성본부, 「우리기업의 전문인력양성방안」, 1991.

한준상, 「산업인력자원개발」, 서울: 양서원, 1995.

〈역서〉

Brooking, A., 김광영 역, 「지식자본」, 사람과 책, 1997.

Edvinsson, L. & Malone, S., 황진우 역, 「지적자본」, 세종서적, 1998.

Milkovich, G. T. & Boudreau, J. W., 이재훈 역, 「인적자원관리」, 경문사, 1997.

Pfeffer, J., 포스코 경영연구소 역, 「사람이 경쟁력이다」, 서울: 21세기 북스, 1995.

Sveiby, K. E., 전선종・김용구 역, 「지식경영 성공을 위한 지식자산의 측정과
        관리」, 서울: 미래경영개발연구원, 1999.

〈논문〉

강순희, "주요국의 인적자원회계(HRA) 도입사례와 시사점". 「지식경영 학술
        심포지엄」, 매일경제신문사, 1998.

――――, "지식기반사회와 인적자원가치의 측정", 「제2회 지식연구협의회 학술
        세미나자료집」, 매일경제신문사, 1999. 4

강완규・박노윤, "기술혁신적 기업의 환경, 내부능력, 전략 및 조직분위기에
        관한 연구", 「인사・조직연구」, 제1권 제1호, 한국인사・조직학회,
        1992. 12.

권대봉, "품목별 핵심인재와 기능별 핵심인재를 선발, 전략적으로 육성해야",
        「인사관리」, 한국인사관리협회, 1997. 12.

김강식, "핵심인력관리는 인적자원관리의 핵심적인 과제이다", 「인사관리」, 한
        국인사관리협회, 1997. 12.

김공수 ·강희숙, "성과와 이직의도 간의 관계에 대한 보상체계의 영향에 관한 연구", 「인사관리연구」, 한국인사관리학회, 1999. 12, 23(2).

김귀현, "한국기업의 인력개발에 관한 연구", 중앙대학교 대학원 박사학위논문, 1981.

김상표, "역설의 경영: 조직특성과 인적자원관리에 관한 실증연구", 연세대학교 대학원 박사학위논문, 1998.

김용관, "인적자원회계의 인적자원관리에의 도입에 관한 연구", 고려대학교 경영대학원 석사학위논문, 1982.

김익규, "인적자원 원가배분 정보의 유용성에 관한 실증적 연구", 경기대학교 대학원 박사학위논문, 1996.

김학수, "인적자원관리의 목표와 경쟁전략", 「서울대 노사관계연구」, 1992. 12.

박기성·김용민, "새로운 경영환경에 적합한 인적자원 축적방안", 「삼성경제연구소」, 1997.

박범호, "인적자원회계의 이론구조에 관한 연구", 홍익대학교 대학원 박사학위논문, 1980.

신유근, "인적자원관리의 이론개발 및 실제적용을 위한 연구방법", 「인사·조직연구」, 제1권 제1호, 한국인사·조직학회, 1992. 12.

신태호, "사이버은행 구축을 위한 인터넷뱅킹전략에 관한 연구", 경기대학교 대학원 박사학위논문, 1999.

안정근, "무형자산과 지적재산권의 평가", 「한국지역개발학회지」, 제10권 제2호, 1998.

어수봉, "국제기구 및 국가적 차원에서의 인적자원회계 논의", 한국기술교육대, 1997.

윤진호, "벤처기업과 인적자원회계", 「개발논총」, 제7집, 동국대학교 지역개발대학원, 1998.

이도화·원성삼, "국내 기업체의 채용관리 관행", 「인사관리연구」, 한국인사관리학회, 1998. 12.

이봉연, "인적자원개발을 위한 효과적 방안에 관한 연구", 「혜전전문대 논문집」, 1995.

이용진, "무형자산이 기업가치에 미치는 영향과 파급효과에 관한 연구", 홍익

대학교 대학원 박사학위논문, 1999.

이임자, "우리나라 이직률 결정요인에 관한 연구", 이화여자대학교 대학원 석사학위논문, 1997.

임종만, "우리나라 기업의 인적자원개발에 관한 실증연구", 인천대학교 대학원 박사학위논문, 1992.

임효창, "기업 내 교육훈련의 전이 결정요인에 관한 연구", 서강대학교 대학원 박사학위논문, 1999.

장영철, "인적자원회계 재조명", 「경영계」, 1996년 12월호.

─────, 인적자원회계와 효과적 인적자원관리", 「인사관리」, 한국인사관리협회, 1999. 6.

───── · 어수봉 · 강순희, "인적자원회계 개관과 주요국의 논의 동향", 노동부, 1997. 12.

장지인, "지식기반경제시대의 새로운 재무보고 모형", 「상장협」, 제39호, 한국상장회사협의회, 1999.

정연현, "한국기업의 인적자원관리에 있어서 소수정예화에 관한 연구", 동아대학교 대학원 박사학위논문, 1989.

정종석, "인적자원회계의 도입방안에 관한 연구", 중앙대학교 대학원 석사학위논문, 1998.

현점휴, "인적자원회계에 대한 기초연구", 「한양대 경영연구」, 제3권, 1996.

홍순영 · 조달호 · 임지원 · 김종훈, "소프트화, 인적자본 그리고 경제성장", 삼성경제연구소, 1996. 12.

2. 외국문헌

Abelson, M. A., "Examination of Avoidable and Unavoidable Turnover", *Journal of Applied Psychology*, Vol.27, 1987.

American Accounting Association's Committee on Accounting for Human Resource, "Report of the Committee on Accounting for Human Resource", *The Accounting Review*, Vol.48, 1973.

Appelbaum, S. H. & Hood, J., "Accounting for the Firm's Human Resources", *Managerial Auditing Journal*, 8(2), 1993.

Bassi, L. & McMurrer, D. P., "Training Investment Can Mean Financial Performance", *Training and Development*, May 1998.

————, & Van Buren, M. E., "The 1998 ASTD State of the Industry Report: Leading-edge Practices, Industry Facts and Figures, and(at last!) Investments in People Pay Off in Better Performance", *Training and Development*, ASTD, Jan., 1998.

Becker, B. E., Huslid, M. A., Pickus, P. S. & Spratt, M. F., "Human Resources as a Source of Shareholders Value", *Human Resource Management*, 36(1), 1997.

Boudreau, J. W. & Ramstad, P. M., "Human Resource Metrics: Can Measures Be Strategic?", *Research in Personnel and Human Resources Management*, Supplement 4, 1999.

————, "Measuring Intellectual Capital: Learning from Financial History", *Human Resource Management*, 36(3), 1997.

Brummet, R. L., Flamholtz, E. G. & Pyle, W. C., *Human Resource Measurement*, 1968.

Casio, W., Costing *Human Resources: The Financial Impact of Behavior in Organizations*, 3rd ed., Boston: MA., PWS-Kent Publishing Co., 1991.

CMR(*California Management Review*), Special Issue on Knowledge and the Firm, 1998.

Davenport, T. H. & Prusak, L., *Working Knowledge: How Organizations Manage What They Know*, Boston: Harvard Business School Press, 1998.

Delery, J. E. & Doty, H. D., "Modes of Theorizing in Strategic Human Resource Management: Tests of Universalistic, Contingency and Configurational Performance Prediction", *Academy of Management Journal*, Vol.39, 1996.

DeSimone, R. L. & Harris, D. M., *Human Resource Development*, The Dryden Press, 1998.

DeSouza & Glenn, "Royalty Method for Intellectual Property", *Business Economics*, 32(2), 1997.

Dessler, G., *Human Resource Management*, 8th ed., Prentice Hall, 2000.

Drake, K., "Human Resource Accountancy in Enterprises: Re- cent Practices and New Developments", *Paper Presented in A Seminar on 'Accounting for Intangibles: The Case of Human Resources'*, Hull, Quebec, 4 Dec., 1996.

Dyer, L., "Studying Human Resource Strategy: An Approach and an Agenda", *Industrial Relations*, Vol.23, 1984.

Ernest & Young, "Enterprise Value in the Knowledge Economy", *Measuring Performance in the Age of Intangibles*, OECD, Dec., 1997.

Fillos, V. P., "Human Resource Accounting is Social Accounting: A Managerial Reappraisal", *Human Systems Management*, 10(4), 1991.

Fitz-Enz, J., *How to Measure Human Resources Management*, 2nd ed., New York McGraw-Hill, 1995.

Flamholtz, E. G., "Valuation of Human Assets in a Securities Brokerage Firm: An Empirical Study", *Accounting, Organizations and Society*, 12(4), 1987.

─────, *Human Resource Accounting:* Advance in Concepts, Methods, and Application, 2nd ed., London: Jossey- Bass Publishers, 1986.

Gatewood, R. D. & Feild, H. S., *Human Resource Selection*, The Dryden Press, 1998.

Gerhart, B. & Milkovich, G. T., "Organizational Differences in Managerial Compensation and Financial Performance", *Academy of Management Journal*, Vol.33, 1990.

Gilley, J. W. & Eggland, S. A., *Principles of Human Resour- ce Development*, Boston: Addison-Wesley Publishing Company, Inc., 1989.

Glueck, W. F., *Personnel: A Diagnostic Approach*, Dallas: Business Publication, Inc., 1974.

Gordon V. S. & Russell L. P., *Intellectual Property: Licensing and Joint Venture Profit Strategies*, John Wiley & Sons: New York, 1994.

Grojer, J. E. & Johanson. U., *Human Resource Costing and Accounting*, 2nd ed., Stockholm: Joint Industrial Safety Council, 1996.

————, *Accounting for Employees on the Balance Sheet*, Labola-Gruppen, 1993.

Hannson, B., "Personal Investment and Abnormal Return: Know-ledge-based Firms and Human Resource Accoun- ting", *Journal of Human Resource Costing and Accoun- ting*, Vol. No.2, 1997.

HBSP(Harvard Business School Press), *Harvard Business Review on Knowledge Management*, Boston: Harvard Business School Press. 1998.

Hendriksen, E. S., *Accounting Theory*, 3rd ed., Richard. D. Irwin Inc., 1979.

Henry Holt Co., Steffy, B. D. & Maurer, S. E., "Conceptualizing and Measuring the Economic Effectiveness of Human Resource Activities", *Academy of Management Review*, 13(2), 1988.

Huselid, M. A., "The Impact of Human Resource Manage- ment Practices on Turnover, Productivity and Corpo- rate Financial Performance", *Academy of Manage- ment Journal*, Vol.38, 1995.

————, "Essays on Human Resource Management Practices Turnover, Productivity, and Firm Performance", Ph. D. Dissertation, *State University of New York*, 1993.

————, Jackson, S. E., & Schuler, R. S., "Technical and Strategic Human Resource Management Effectiveness as Determinants of Firm Performance", *Academy of Management Journal*, Vol.40, 1997.

Itami, H., *Mobilizing Invisible Assets*, Boston: Harvard University Press, 1987.

Jackofsky, E. F., "Turnover and Job Performance: An Integrated Process Model", *Academy of Management Review*, Vol.9, 1984.

Johanson, U., "Why the Concept of Human Resource Costing and Accounting Does Not Work: A Lesson From Seven Swedish Cases", *Personnel Review*, Vol. 27, No.6. 1998.

———— & Nilson, M., "The Usefulness of Costing and Accounting", *Journal of Human Resource Costing and Accounting*, 1(1), 1996.

Kaplan, R. S. & Norton, D. P., *Balanced Scorecard*, Harvard Business School Press, 1996.

Keller, R. T., "The Role of Performance and Absenteeism in the Prediction of Turnover", *Academy of Management Journal*, Vol.27, 1984.

LaBarre, P., "The Rush on Knowledge", *Industry Week*, 1996. 2. 19.

Lancaster, G., "Re-engineering Authors Reconsider Re-engin- eering", *The Wall Street Journal*, Jan. 7, 1995.

Leonald, B. D., *Wellsprings of Knowledge*, Boston: Harvard Business School Press. 1995.

Lev, B., "The Boundaries of Financial Reporting and How to Extend Them", *Working Paper*, University of Califor- nia Berkeley, August., 1996.

———— & Schwartz, A., "On the use of the Economic Concept of Human Capital in the Financial Statement", The *Accounting Review*, Jan., 1971.

Martin, T. N., Price, J. L. & Mueller, C. W., "Job Performance and Turnover", *Journal of Applied Psychology*, Vol.66, 1981

McRae, T. W., "Human Resources Accounting as a Managerial Tool", *The Journal of Accounting*, *Aug.*, 1974.

Milkovich, G. T. & Boudreau, J. W., *Human Resource Management*, 6th ed., Irwin, 1991.

Mondy, R. W., Noe, R. M. & Edwards, R. E., "What the Staffing Funktion Entails", *Personnel*, Vol.63, 1986.

Murphy, T. E. & Zandvakili, S., "Data-and Metrics-Driven Approach to Human Resource Practices: Using Customers, Employees, and Financial Metrics", *Human Resource Management*, 39(1), 2000.

Noe, R. A., et al., *Human Resource Management: Gaining a Competitive Advantage*, Irwin, 1994.

Nunnally, J. C., *Psychometric Theory*, 2nd ed., New York, McGraw-Hill, 1978.

Peterson, S. E., "Accounting for Human Resource", *Management Accounting*, 1972. 1.

Pfeffer, J., *Human Equation*, Boston: Harvard Business School Press, 1998.

───────, "Pitfalls on the Road to Measurement: the Dangerous Liaison of Human Resources with the Ideas of Accounting and Finance", *Human Resource Management*, 36(3), 1997.

───────, *Competitive Advantage Through People*, Boston: Harvard Business School Press, 1994.

Pigors, P. & Myers, C. A., Personnel Administration: *A Point of View and a Method*, 9th ed., New York: McGraw-Hill Book Co., 1981.

Quinn, J. B. & Anderson, P., "Managing Professional Intellect: Making the most of the best", *Harvard Business Review*, March-April 1996.

Sackman, S. A., Flamholtz, E. G. & Bullen, M. L., "Human Resource Accounting: State of the Art Review", *Journal of Accounting Literature*, 8, 1989.

Steffy, B. D. & Maurer, S. E., "Conceptualizing and Measuring the Economic Effectiveness of Human Resource Activities", *Academy of Management Review*, 13(2), 1988.

Stewart, T., "Your Company's Most Valuable Asset: Intellectual Capital", *Fortune*, 130(7), 1994.

Terpstra, D. E. & Rozell, E. J., "The Relationship of Staffing Practices to Organizational Level Measures of Performance", *Personnel Psychology*, Vol.46, 1993.

Thomas, P. F., *Dictionary of Banking Terms*, 2nd ed., Barrons: New York, 1993.

Ulrich, D., "Measuring Human Resources: An Overview of Practice and a Prescription for Results", *Human Resource Management*, 36(3), 1997.

Van de Ven, A. H. & Ferry, D. L., *Measuring and Assessing Organization*, Wiely-Interscience, New York, 1980.

Welbourne, T. M. & Andrews, A. O., "Predicting the Performance of Initial Public Offerings: Should Human Resource Management be in the Equation?", *Academy of Management Journal*, Vol.39, 1996.

Wiig, K. M., "Knowledge Management: Where Did It Come From and Where Will It Go?", *Expert System with Applications*, 13(1), 1999.

Williams, C. R. & Livingstone, L. P., "Another Look at the Relationship between Performance and Voluntary Turno- ver", *Academy of Management Journal*, Vol.37, 1994.

Yeung, A. K. & Berman, B., "Adding Value Through Human Resources: Reorienting Human Resource Measurement to Drive Business Performance", *Human Resource Management*, 36(3), 1997.

설문지

안녕하십니까?

설문에 응하여 주셔서 감사합니다. 본 설문지는 인적자원의 가치에 대한 인식과 인적자원측정의 중요성 인식 그리고 인적자원관리 활동에서의 지표관리 간의 상관관계 및 영향 정도를 연구하기 위하여 귀하의 소중한 의견을 알아보고자 작성한 것입니다.

본 조사내용은 무기명으로 작성되어 일괄 전산처리 되므로 개인별 응답 내용은 누구도 알 수 없으며, 오직 연구를 위한 통계의 목적으로만 사용할 것을 약속드립니다.

바쁘시겠지만 본 조사의 취지 및 설문내용의 특성을 충분히 이해하시어 응답에 누락이 없도록 작성해 주시기를 부탁드리며, 귀하의 건승을 기원합니다.

2000. 2.

명지대학교 대학원 경영학과

지도교수 이 한 검

박사과정 최 운 선

148

Ⅰ. 다음은 일반사항에 대한 질문입니다. 해당란에 ○표하여 주십시오.

1. 귀사의 회사명은? (   )

2. 귀사의 주업종은? (   )

3. 1999년도 귀사의 상용근로자수는? (총: 명)

   ① 대졸 기술직·연구직 (명)
   ② 대졸 관리직 (명)
   ③ 고졸 생산직·단순서비스직 (명)
   ④ 고졸 사무직 (명)

4. 1999년도 귀사의 매출액은? (억 원)

5. 1999년도 인당 모집·채용 비용은? (원)

6. 1999년도 전체 교육·훈련 비용은? (원)

7. 1999년도 평균 임금액은? (원)

8. 1999년도 이직률은? (%)

Ⅱ. 인적자원의 가치에 대한 인식정도를 알아보는 질문입니다. 아래의 업
　종 구분에 따라 자사의 상대적인 평가를 하여 다음 〈보기〉대로 답하여
　주십시오.

1군: 제조업(장치산업) - 철강, 화학, 식품, 제지, 섬유 등
2군: 제조업(조립산업) - 자동차, 전자, 기계, 악기 등
3군: 서비스업 - 정보통신, 금융 등
4군: 서비스업 - 관광, 레져, 호텔, 문화, 유통 등

〈보 기〉

매우 그렇지 않다	그렇지 않다	보통이다	그런 편이다	매우 그렇다
①-----------②-----------③-----------④-----------⑤				

※ 채용 시의 가치 인식					
1. 우리 회사가 필요로 하는 인력의 endowed value (보유능력·가치)는 타 업종에 비해 높다.	①	②	③	④	⑤
2. 인력 채용 시 해당인력의 시장가치를 파악하는 것이 타 업종에 비해 어렵다.	①	②	③	④	⑤
3. 인력 채용이나 교육훈련에 있어 공인된 자격증의 소지여부가 중요한 기준이 된다.	①	②	③	④	⑤
※ 채용 후의 가치인식					
4. 잘못된 채용의 경우 회사에 미치는 위험도가 타 업종에 비해 크다.	①	②	③	④	⑤
5. 우리 회사에서 교육훈련을 통한 개인능력의 개발은 타 업종에 비해 중요하다.	①	②	③	④	⑤
6. 우리 회사의 기업가치(주가)에는 인적자원의 가치 부분이 반영되어 있다고 생각한다.	①	②	③	④	⑤
7. 종업원에 대한 보상 시 해당 인력의 현재가치를 평가하여 반영하고 있다고 생각한다.	①	②	③	④	⑤

Ⅲ. 인적자원 측정의 중요성 인식에 대한 질문입니다. 다음 〈보기〉대로 답하여 주십시오.

<table>
<tr><td colspan="5" align="center">〈보 기〉</td></tr>
<tr><td align="center">매우
그렇지 않다</td><td align="center">그렇지
않다</td><td align="center">보통이다</td><td align="center">그런
편이다</td><td align="center">매우
그렇다</td></tr>
<tr><td colspan="5" align="center">①-----------②-----------③-----------④-----------⑤</td></tr>
</table>

※ 인적자산과 기업이윤과의 상관성에 대한 인식					
1. 전문인력의 관리현황이 주총에서 주요안건으로 보고 되어야 한다.	①	②	③	④	⑤
2. 금융기관에서 대출 받는 경우 인적자산 수준이 고려 되어야 한다.	①	②	③	④	⑤
3. 전문인력수와 기업 경상이익과는 관련성이 있다고 생각한다.	①	②	③	④	⑤
4. 인적자원의 가치를 측정하고 관리하는 것이 기업의 경영에 중요하다고 생각한다.	①	②	③	④	⑤
5. 이사회에 인적자원 관련 안건이 상정되어 논의되어야 한다.	①	②	③	④	⑤
※ 인적자원의 경영 및 투자에 대한 영향					
6. 전문인력이 많을수록 경영상의 의사결정은 용이해진다.	①	②	③	④	⑤
7. 투자의 성공여부는 인적자원의 질에 영향을 받아왔다.	①	②	③	④	⑤
※ HRA에 대한 인지도 및 도입에 대한 의식					
8. 경영자는 HRA에 대해 잘 알고 있다.	①	②	③	④	⑤
9. 경영자는 HRA를 통상의 회계제도 내에 도입하는 것이 바람직하다고 생각하고 있다.	①	②	③	④	⑤

10. 인적자산 투자액을 R&D 투자와 같이 이연자산화 시키는 것이 바람직하다고 생각한다.	①	②	③	④	⑤

11. 인적자원가치를 측정한다면, 우선되어야 할 지표들이 무엇이어야 한다고 생각하십니까?

우선순위대로 답하여 주십시오.

1순위 (　　　),　2순위 (　　　),　3순위 (　　　　)

① 전문인력의 비중

② 정보화, 기술투자 또는 R&D투자비용

③ 교육훈련투자비용

④ 특허, 저작권의 수

⑤ 시장점유율이나 고객만족도

⑥ 자격증 소지 비율

⑦ 근속기간

⑧ 근태율

⑨ 물적 생산성

⑩ 부가가치생산성

⑪ 기타 (　　　　　　　　　)

Ⅳ. 인적자원관리 활동에서 인적자원 측정을 위한 지표관리 실태를 알아보기 위한 질문입니다. 다음 〈보기〉대로 답하여 주십시오.

<table>
<tr><td colspan="5" align="center">〈 보 기〉</td></tr>
<tr><td>관심도 없고
전혀 측정 않는다</td><td>관심만 있는
정도이다</td><td>보통이다</td><td>관심이 있고 측정하나
지속적이지 않다</td><td>측정하며
지속적으로 관리한다</td></tr>
<tr><td colspan="5" align="center">①----------②-------③--------④----------------⑤</td></tr>
</table>

※ 인적자원관리 활동의 인프라					
1. 부가가치에 대한 급여의 비율	①	②	③	④	⑤
2. 비용지출에 대한 급여의 비율	①	②	③	④	⑤
3. 회사비용에 대한 인사·교육부서의 지출비율	①	②	③	④	⑤
4. 총 종업원에 대한 인사·교육 담당자 비율 　　　　　　　　(대략의 추정치:　　　%)	①	②	③	④	⑤
5. 종업원 1인당 인적자원관리 비용	①	②	③	④	⑤
※ 모집·채용 활동					
6. 인당 신규채용 비용 　　　　　　　　(대략의 추정치:　　　원)	①	②	③	④	⑤
7. 모집인원 중 실제 선발인원 비율	①	②	③	④	⑤
8. 선발인원 중 실제 취업인원 비율	①	②	③	④	⑤
9. 충원 소요기간 　　　　　　　　(대략의 추정치:　　　일)	①	②	③	④	⑤
10. 직무수행 시작하는데 소요되는 시간	①	②	③	④	⑤
※ 교육훈련 활동					
11. 매출액 중 총 교육훈련비 비율	①	②	③	④	⑤
12. 종업원 1인당 교육훈련 비용	①	②	③	④	⑤

13. 인건비 대비 총 훈련비용 지출 비율 （대략의 추정치:　　　　%）	①	②	③	④	⑤
14. 교육훈련에 참가한 종업원의 비율 （대략의 추정치:　　　　%）	①	②	③	④	⑤
※ 결근 및 이직관리					
15. 종업원 1인당 총 교육시간 （대략의 추정치:　　　시간）	①	②	③	④	⑤
16. 훈련과정별 비용 대비 효과	①	②	③	④	⑤
17. OJT와 OFF-JT(사외교육) 실시 비율 및 효과	①	②	③	④	⑤
18. 훈련내용 전달방법의 종류 및 효과	①	②	③	④	⑤
19. 질병으로 인한 결근(시간, 건수, 비용)	①	②	③	④	⑤
20. 산업재해로 인한 결근(시간, 건수, 비용)	①	②	③	④	⑤
21. 작업상 보건관리 비용	①	②	③	④	⑤
19. 결근 및 이직으로 인한 생산 차질액	①	②	③	④	⑤
20. 이직 유형별 이직률	①	②	③	④	⑤
※ 전문인력관리					
21. 핵심능력－제품 및 서비스－전문인력을 연결하는 능력 매트릭스(Competence Matrix)관리	①	②	③	④	⑤
22. 전문인력의 수 및 종업원 중에서의 비중 （대략의 추정치:　　　　%）	①	②	③	④	⑤
23. 전문인력의 평균 근속년수 및 이직률	①	②	③	④	⑤
24. 전문인력에 지출되는 cost 대비 benefit 비율	①	②	③	④	⑤

※ 끝까지 응답해 주셔서 대단히 감사합니다.

· 저자 ·

최운선　　**· 약력 ·**

성균관대 경영학 석사
명지대 경영학 박사
삼양그룹 경영기획실 근무
(주) IBS Consulting Company 수석컨설턴트
(주) McGrow Consulting Group 경영연구원장
(현재) e-HR 경영연구소 소장 (bizsolu@naver.com)

· 저서 ·

『디지털 시대의 연봉제』

· 주요 컨설팅 경력 ·

한국타이어, 현대자동차, 아남반도체, 신라명과, Oracle Korea,
교보리얼코, 진로발효, 태석정밀, 영신사, 한국정보문화진흥원,
한국광기술원, 한국가스기술공사, 건강보험심사평가원 등 다수

인적자원을 측정하라

産業別 人的資源 測定活動을 中心으로

· 초판 인쇄	2007년 5월 31일
· 초판 발행	2007년 5월 31일
· 지 은 이	최운선
· 펴 낸 이	채종준
· 펴 낸 곳	한국학술정보㈜
	경기도 파주시 교하읍 문발리 526-2
	파주출판문화정보산업단지
	전화　031) 908-3181(대표) · 팩스　031) 908-3189
	홈페이지　http://www.kstudy.com
	e-mail(출판사업부)　publish@kstudy.com
· 등　　록	제일사-115호(2000. 6. 19)
· 가　　격	22,000원

ISBN　978-89-534-3485-1 93320 (Paper Book)
　　　　978-89-534-3486-8 98320 (e-Book)